BestMasters

Mit **„BestMasters"** zeichnet Springer die besten Masterarbeiten aus, die an renommierten Hochschulen in Deutschland, Österreich und der Schweiz entstanden sind. Die mit Höchstnote ausgezeichneten Arbeiten wurden durch Gutachter zur Veröffentlichung empfohlen und behandeln aktuelle Themen aus unterschiedlichen Fachgebieten der Naturwissenschaften, Psychologie, Sozialwissenschaften, Technik und Wirtschaftswissenschaften. Die Reihe wendet sich an Praktiker und Wissenschaftler gleichermaßen und soll insbesondere auch Nachwuchswissenschaftlern Orientierung geben.

Springer awards **"BestMasters"** to the best master's theses which have been completed at renowned Universities in Germany, Austria, and Switzerland. The studies received highest marks and were recommended for publication by supervisors. They address current issues from various fields of research in natural sciences, psychology, social sciences, technology, and economics. The series addresses practitioners as well as scientists and, in particular, offers guidance for early stage researchers.

Raja Goltz

Healing als politische Praxis

Von marginalisierten Individuen und Communities über Aktivismus und Heilung lernen

Springer VS

Raja Goltz
Soziale Arbeit Kritische Diversity und
Community Studies
Alice Salomon Hochschule
Berlin, Deutschland

ISSN 2625-3577 ISSN 2625-3615 (electronic)
BestMasters
ISBN 978-3-658-51086-2 ISBN 978-3-658-51087-9 (eBook)
https://doi.org/10.1007/978-3-658-51087-9

Die Deutsche Nationalbibliothek verzeichnet diese Publikation in der Deutschen Nationalbibliografie; detaillierte bibliografische Daten sind im Internet über https://portal.dnb.de abrufbar.

Planung/Lektorat: Carina Reibold
Springer VS ist ein Imprint der eingetragenen Gesellschaft Springer Fachmedien Wiesbaden GmbH und ist ein Teil von Springer Nature.
Die Anschrift der Gesellschaft ist: Abraham-Lincoln-Str. 46, 65189 Wiesbaden, Germany

Abbildung 1 Deckblatt: Community. Digitale Illustration. R. Goltz. 08/23

für euch,
Lio Rina Mona, Toni, Lea, Miri, Anna,
Nora
Hab euch lieb und danke euch
dass ihr jetzt hier seid,
und wir zusammen,
ist genau richtig

Zusammenfassung

Diese Arbeit beschäftigt sich mit einem politisierten Verständnis von Heilung, welches Strukturen von Macht und Unterdrückung, als die biopsychosoziale Gesundheit beeinflussend, mitdenkt. Die Arbeit fragt nach zentralen Aspekten von Heilungs- und Unterstützungsverständnissen, die in marginalisierten Communities entstanden sind. Ferner soll diskutiert werden, inwieweit diese in dominante Systeme psychosozialer Gesundheitsversorgung implementiert werden können.

Eine machtkritische Problematisierung dominanter, eurozentrischer Systeme der psychosozialen Gesundheitsversorgung, soll Veränderungsbedarf und Leerstellen aufzeigen, um schließlich der Suche nach politisierten Zugängen eine Richtung zu geben. Die Reproduktion von Macht und Unterdrückungsverhältnissen in Institutionen und Professionen genannter Systeme wird vor allem mit Blick auf die Soziale Arbeit und (Psycho-) Therapie kritisch betrachtet.

Der autoethnografisch- und künstlerisch-informierte Hauptteil fokussiert Verständnisse und Zugänge zu Heilung und Unterstützung aus der Perspektive marginalisierter Individuen/Communities. Die Erfahrung struktureller Unterdrückung wird als *‚ongoing wounding, healing and struggle‘* beschrieben. Hierin einbegriffen sind fortlaufende Verwundungserfahrungen und fortlaufende Heilungsprozesse, die mit widerständigem Aktivismus und dem Kampf gegen Unterdrückung verbunden sind. Die Community-orientierten, von Betroffenen entwickelten Antworten wirken Vereinzelungs-, Isolations- und Individualisierungstendenzen entgegen und ermöglichen Empowerment, gemeinsame Befreiung von Unterdrückung und soziale Transformation (*social change*).

Schlagworte: Machtkritik • Biopsychosoziale Gesundheit • *Social change* • Heilung • Marginalisierte Communities • Empowerment

Abstract

This work deals with a politicized understanding of healing that considers structures of power and oppression as influencing biopsychosocial health. The work explores key aspects of understandings of healing and support that have emerged in marginalized communities. Furthermore, the extent to which these can be implemented in dominant systems of psychosocial health care will be discussed.

A power-critical problematization of dominant, Eurocentric systems of psychosocial health care should reveal the need for change and gaps in order to ultimately give direction to the search for politicized approaches. The reproduction of power and oppression in the institutions and professions of these systems will be critically examined, particularly with regard to social work and (psycho)therapy.

The auto-ethnographic and artistically-informed main section focuses on understanding and approaches to healing and support from the perspective of marginalized individuals/communities. The experience of structural oppression is described as 'ongoing wounding, healing and struggle'. This includes ongoing experiences of wounding and ongoing healing processes associated with activism and the struggle against oppression.

The community-oriented answers developed by those affected counteract tendencies towards isolation and individualization and enable empowerment, joint liberation from oppression and social transformation (social change).

Keywords: Critique of power • Biopsychosocial health • Social change • Healing • Marginalized communities • Empowerment

Disklaimer

Für eine gendergerechte Sprache wird in dieser Arbeit der Genderstern (*) verwendet. Jenseits binärer, sozial konstruierter Geschlechtermodelle soll hierin eine Geschlechtervielfalt sichtbar gemacht werden. Wenn ich die binären und sozial konstruierten Geschlechterkonstruktionen ›Mann‹ und ›Frau‹ nutze, meine ich damit auch Trans* Frauen und Männer. Wenn ich spezifischer cis- Personen oder aber nicht-binäre Personen meine, dann schreibe ich das dementsprechend.

Inhaltsverzeichnis

Abbildungsverzeichnis

Einleitung 1

1.1 Thema, Fragestellung und Zielsetzung der Arbeit

The Master's tools will never dismantle the master's house

–Audre Lorde 1984

Der Sommer, in dem ich diese Arbeit schreibe, ist heiß und trocken. Es regnet zu wenig und die Natur brennt überall. Die sonst vor lauter Bienen brummenden Lindenbäume sind zu ihrer Blütezeit vor allem eines: klebrig, wegen des ausbleibenden Regens und totenstill. Im Mittelmeer ertrinken Mitte Juni bei allein einem Bootsunglück mehr als 500 Menschen[1]. ›Unglück‹, so heißt es in den Medien, gerade so, als handle es sich um ein Schicksal, das nicht hätte verhindert werden können. Zuhause, in Deutschland gewinnt die AFD im Juni zum ersten Mal mehr als 50 Prozent der Wähler*innen eines Landkreises in Thüringen, Abschiebegefängnisse werden in vielen deutschen Großstädten gebaut und neue Regelungen (bmi 2023) vereinfachen die oft undurchsichtigen und immer herzlosen Abschiebe-Praktiken. Nach dem 7.Oktober, während die Bomben auf Gaza fallen, werden Antimuslimischem Rassismus und Antisemitismus in Deutschland Tor und Tür geöffnet. Die Hauptverdächtigen sind

[1] Berichterstattungen sprechen von einem ›Unglück‹. Die europäische Außenpolitik wird nicht kritisiert (Weiß & Auerbach 2023, Monecke et.al. 2023).

R. Goltz, *Healing als politische Praxis*, BestMasters,
https://doi.org/10.1007/978-3-658-51087-9_1

entgegen der Statistik Muslim*innen[2]. Bündnisse zwischen Muslim*innen, Palästinenser*innen und Juden*Jüdinnen, massiver Widerstand auch von israelischen Menschen gegen diejenigen, die antreiben, befeuern und Profite aus dem Leid schlagen[3], werden ignoriert, oder gespalten und Demonstrant*innen werden pauschal als Terrorist*innen diffamiert. Und schließlich können die heilsamen Akte der Solidarität untereinander nur noch auf Nebenschauplätzen stattfinden, weil alle großen Bühnen sich verschließen. Demonstrationen deutscher Nazis, der Regierungssturzversuch durch Reichsbürger aus dem vorherigen Jahr, das ungeklärte Problem von rechten Strukturen in der Institution Polizei, scheinen vergessen. Der Takt der aufeinanderfolgenden und verbundenen Krisen weltweit schlägt immer schneller und die Liste der Ungerechtigkeiten, die passieren, während ich meine Masterarbeit schreibe, ist unendlich lang, ›Krisen‹ sind die Normalität. Und ich mittendrin, ringe mit mir, um nicht zu verzweifeln. Manches muss ich ausblenden: Handy aus und ›weghören‹, bei den immer ähnlich frustrierenden Nachrichten, mit Kopfhörern durch die Stadt. Wenigstens zwei Tage am Stück einmal nicht abgelenkt schreiben. Einmal die Sorgen, die mir die Welt und alles um mich herum bereiten vergessen. Vieles kann ich nicht ausblenden, es betrifft mich und ich erfahre es auch ohne Nachrichtensendungen. Und anderes will ich nicht ausblenden. Denn Freund*innen sind betroffen. Sie begleiten andere in ihrer Trauer oder warten, selbst betroffen, auf die Lebenszeichen der Familie. Ich will diese Masterarbeit schreiben, gleichzeitig nicht wegschauen, eigentlich viel mehr tun, um der Ungerechtigkeit und meinen Ohnmachtsgefühlen etwas entgegenzusetzen. Und dabei aufpassen, dass ich und die Lieben um mich herum, bei allem, was passiert, nicht ausbrennen. Letztlich versuche ich die Einzelteile zu verbinden und da wird schnell klar, dass diese Arbeit sich nicht entweder um widerständigen Aktivismus *oder* um Heilung drehen wird.

Diese Arbeit beschäftigt sich mit einem politisierten Verständnis von Heilung. Das oben gezeichnete Panorama der Krisen lässt marginalisierte Gruppen

---

[2] Entgegen Erkenntnissen aus statistischen Erhebungen zu antisemitisch motivierten Straftaten werden vorrangig Muslim*innen verdächtigt – 93 % antisemitisch motivierter Straftaten wurden 2017 von Deutschen verübt. Der »importierte Antisemitismus« ist eine rechte Fantasieerzählung, die von deutschem Antisemitismus und deutschem Antimuslimischen Rassismus ablenkt (Ayyadi 2017).

[3] Deutschland hat zwischen 2015 und 2019 für Waffenverkäufe an Israel im Wert von 862 Millionen Euro erteilt (Human Rights Watch, 2023). Anfang November 2023 wurden die Rüstungsexporte fast verzehnfacht. Der Waren Wert stieg im Vergleich zum Vorjahr von 32 auf 303 Millionen Euro (tagesschau 2023).

ungleich mehr leiden als Mitglieder der Dominanzgesellschaft[4]. Dies wird später mit Begriffen wie ›Externalisierungsgesellschaft‹ (Lessenich 2017) (Abschnitt 3. 3.) und den Auswirkungen von Diskriminierung auf die Gesundheit (Abschnitt 2. 3.) belegt. Marginalisierte Individuen und Communities haben durch die seit Jahrhunderten andauernden Erfahrungen der Unterdrückung, als *andauernden* Krisen der großen ›-Ismen‹[5], Heilungsstrategien entwickelt, um immer wieder Kraft für widerständiges Überleben zu haben. Diese zu erinnern und weiterzugeben ist für Betroffene von großer Relevanz. Für in sozialen Berufen Tätige, die mit ihrer Praxis, soziale Gerechtigkeit (*social justice*) anstreben wollen, anstatt Macht- und Unterdrückungsstrukturen zu reproduzieren, ist es wichtig, einen verantwortungsvollen Umgang mit diesen kollektiven Wissensbeständen zu finden. In dieser Arbeit werden Verständnisse, Zugänge und Aspekte von Heilung aus der Perspektive marginalisierter Communities[6] in den Fokus gesetzt, die für alle Arbeitsfelder in ›psychosozialen Gesundheitssystemen‹, die auf soziale Transformation (*social change*) hinwirken wollen, von Relevanz sein können. Eine Problematisierung dominanter, eurozentrischer Systeme der psychosozialen Gesundheitsversorgung soll Veränderungsbedarf und Leerstellen aufzeigen, um schließlich der Suche

[4] Der Begriff der Dominanzgesellschaft wurde in den 1990er Jahren von Birgit Rommelspacher geprägt und beschreibt »das Zusammenleben unter mehrdimensionalen, vielschichtigen Macht- und Herrschaftsbedingungen. Dabei geht sie von einer Dominanzgesellschaft [aus], die von einer Geschichte geprägt sei, die herrschen und beherrscht werden zu einer zentralen Ordnungskategorien hat werden lassen«. Über- und Unterordnungen sind in Normalitätsvorstellungen und Alltagshandeln eingelassen und die Hierarchien werden in der Dominanzgesellschaft, die sich zu Werten der Gleichheit und Gleichwertigkeit bekennt, breit ausgeblendet (Migrationsgeschichten 2023).

[5] Aspekte der Auswirkungen von Rassismus, (cis-Hetero) Sexismus, Ableismus, Klassismus, Kapitalismus und einem Extraktivismus, der die Natur ausbeutet, auf die psychosoziale Gesundheit, werden im Hauptteil gezeigt.

[6] »Marginalisierung bezeichnet die Verdrängung von Individuen oder Bevölkerungsgruppen an den Rand der Gesellschaft. Die Verdrängung kann auf verschiedenen Ebenen erfolgen, also zum Beispiel geografisch, wirtschaftlich, sozial oder kulturell sein; meist spielt sie sich auf mehreren Ebenen gleichzeitig ab.« (diversity-arts-culture, o. D.b.) ›Community‹ ist in dieser Arbeit eine politische Interessengemeinschaft, in der Menschen die eine oder mehrere Diskriminierungserfahrungen teilen, zusammenfinden. Community produziert ein positives Wir-Gefühl und steht für Verbundenheit (diversity arts culture, o. D.a). Ich werde in dieser Arbeit einen Begriff von Community nutzen, der wie bei Sarah Ahmed und Anne-Marie Fortier postkolonial, machtkritisch, intersektional, ressourcenorientiert und auf Gerechtigkeit (social justice), Empowerment, Partizipation sowie Veränderungen (social change, transformative justice) abzielt (Ahmed/ Frontier 2003). Um dieses Verständnis klarer zu markieren, schreibe ich von ›marginalisierten Communities‹ in meiner Arbeit

nach politisierten Zugängen zu Heilung, eine Richtung zu geben. Als Teil psychosozialer Gesundheitssysteme betrachte ich in dieser Arbeit vor allem die Soziale Arbeit und (Psycho-) Therapie. Zentral ist hier, dass in Institutionen und Professionen wirkmächtige gesellschaftliche Macht- und Unterdrückungsstrukturen, als Ausschlüsse und Verletzungen reproduzierend mitgedacht werden und dass community-orientierte, von Betroffenen entwickelte Antworten aufgezeigt werden sollen.

Was macht Heilungs- und Unterstützungsverständnisse aus, die in marginalisierten Communities entstanden sind? Und inwieweit können sie in dominante Systeme psychosozialer Gesundheitsversorgung implementiert werden?

Um diesen Fragen nachzugehen, beginne ich die Arbeit mit einer kritischen Betrachtung von Aspekten dominanter, eurozentrischer[7] Praktiken in psychosozialen Gesundheitssystemen und zeige, dass der vorherrschende Blick darauf, wie ›sozialen Problemen‹ begegnet werden soll, begrenzt ist und bestehende Ausschlüsse reproduziert.

Dazu werden Verhältnisse von Macht, Unterdrückung und Diskriminierung in besagten tradierten Systemen kritisch angeschaut und auch die biopsychosozialen Gesundheitsrisiken von Diskriminierung thematisiert. ›Macht‹ (*power*) bleibt dabei im Verlauf der Arbeit keineswegs negativ (z. B. mit Machtmissbrauch oder Gewalt) assoziiert, sondern soll durch eine kritische Betrachtung einen umfassenderen Zugang zu dem Begriff herstellen, um ein tiefergehendes Verständnis von *EmPOWERment* erst möglich zu machen. Ausgehend vom vorangestellten Zitat Audre Lordes stelle ich die These auf, dass dominante Systeme psychosozialer Gesundheitsversorgung ›Sollbruchstellen‹ haben, die dazu führen, dass bestehende Macht- und Unterdrückungsverhältnisse aufrecht erhalten bleiben. Gesellschaftliche Strukturen müssen als das psychosoziale Wohlbefinden von Individuen und Communities mit Marginalisierungserfahrungen konstituierend, mitgedacht werden, um tatsächlich hilfreiche psychosoziale Gesundheitsversorgung anbieten zu können. Die Arbeit sucht nach alten und neuen emanzipatorischen (prä- und postkolonialen) Zugängen zu- und Verständnissen von Heilung.

Nach der Problematisierung folgt das Kernstück der Arbeit: eine autoethnografische Untersuchung der Fragestellung. Die prozessorientierte, autoethnografisch und künstlerisch informierte Untersuchung ist nach dem Dreiklang *ongoing*

---

[7] Eurozentrismus als »europäischer Ethnozentrismu« meint die bewusste oder unbewusste Haltung und Annahme der Überlegenheit gegenüber anderen Kulturen (Müller & Ziai 2015). Eine eurozentrische Annahme wäre zum Beispiel, dass eine besonders hohe Stufe der Zivilisation in Europa entwickelt wurde. Die enge Verknüpfung mit Kolonialismus und Kapitalismus bezeichnet Anibal Quijano als »Kolonialität der Macht« (Quijano in Ha 2017, S. 78).

wounding, healing and struggle[8] gegliedert. Dieser soll einige Spezifika der Erfahrung marginalisierter Individuen und Communities in Bezug auf psychosoziale Gesundheit darstellen. Ich nehme hier eine Engführung vor, schreibe und beschreibe vor allem aus meiner afrodeutschen und queer-feministischen Perspektive und wähle vor allem Literatur von Autor*innen ähnlicher, zumindest aber marginalisierter Positionierungen. In diesem zentralen Teil der Arbeit wird zunächst gefragt, was die Verletzungserfahrungen von strukturell unterdrückten Communities ausmacht (*ongoing wounding*). Es werden Alternativen zu dominanten Verständnissen, was unter (ge)heil(t)[9] sein verstanden wird, herausgearbeitet (*ongoing healing*) und die Notwendigkeit eines widerständigen Aktivismus (*ongoing struggle*), betrachtet. Abschließend wird die Verbundenheit dieser drei Modi ausgeführt. Der Hauptteil wird inhaltlich umfassend, berührt vieles, und kann daher an einigen Stellen weniger tief gehen. Eine Begrenzung würde meinem Verständnis des Themas nicht gerecht werden – ja eine Begrenzung und künstliche Zerteilung wäre aus meiner Sicht sogar symptomatisch für die Bruchstellen herkömmlicher psychosozialer Gesundheitssysteme und ich suche nach Antworten, die den Wurzeln psychosozialen Leids näherkommen. Um die Zusammenhänge des Dreiklangs nachvollziehbar zu machen, begrenze ich mich auf ausgewählte Aspekte, wie zum Beispiel zentrale Gefühle, geteilte Erfahrungen oder Theorien und Verständnisse. Kapitel vier ist ein Zwischenresümee des Dreiklangs. In Kapitel fünf soll untersucht werden, inwieweit das zusammengetragene Wissen in Berufsfelder psychosozialer Gesundheitsversorgung impleziert werden kann.

Die Arbeit will einen Beitrag dazu leisten, ein tieferes (radikaleres) Verständnis der gesellschaftlichen Verantwortung für psychosoziale Gesundheit zu entwickeln und erkundet, inwieweit dieses Verständnis andere, möglicherweise fruchtbarere Heilungsansätze für alle hervorbringen kann.

---

[8] Angelehnt an den Buchtitel »Freedom is a constant struggle« von Angela Davis *[2015] (2022)*.

[9] Da ›Heilung‹, ›geheilt sein‹ usw. teilweise sehr problematische Konnotationen haben, erläutere ich später, warum ich die deutsche Sprache hier trotzdem nutze. Auch allgemein zu meinem Gebrauch englischer und deutscher Sprache schreibe ich im Abschnitt 1.3.

1.2 Persönlicher Bezug

Wir wurden in Beziehungen verletzt, also müssen wir in Beziehungen heilen.
Wir wurden in der Gemeinschaft verletzt,
also müssen wir in der Gemeinschaft heilen.

–Kazu Haga

Der persönliche Bezug zu dieser Arbeit wurzelt in meiner Kindheit und meinem Aufwachsen als Afrodeutsche in einer *weißen* Gesellschaft, in *weißen* Institutionen, einer *weißen* Familie und *weißen* Lebensgemeinschaft (am Rand der deutschen Dominanzgesellschaft). Meine autoethnografische Bachelorarbeit ›Schwarzbewusstsein‹ (Goltz 2023), die ich im Zuge meines Studiums »Kunst im Sozialen – Kunsttherapie und Kunstpädagogik« geschrieben habe, beschäftigte sich mit dieser Erfahrung und meinem Schwarzen Politisierungsprozess. Hierin konnte ich einige der bestärkenden (empowernden) Erfahrungen festhalten, die ich seit der Bewusstwerdung meiner Positioniertheit(en) in dieser Gesellschaft und der Benennung meiner Rassismuserfahrungen erlebe. Durch mein Masterstudium »Kritische Diversity und Community Studies« wurden Fragen nach Macht – und Unterdrückungsverhältnissen in sozialarbeiterischen Settings zunehmend relevant. Und auf Grund meiner (Bachelor-) Vorbildung habe ich therapeutische Settings hier auch immer mitgedacht und will in dieser Arbeit Aspekte der Wissensbestände beider Studiengänge zusammenführen. Durch die letzten Jahre begleitet mich immer wieder die Frage, was die Selbstheilungskräfte von Communities sind, deren Lebensrealität eines *ongoing struggle*[10] (Angela Davis) die notwendige Folge des *ongoing wounding*[11] durch strukturelle Unterdrückungserfahrung ist.

Ein wichtiger Bestandteil meines Erfahrungswissens und Motor meines Interesses an dieser Arbeit, liegt neben meinen gesellschaftlichen Positioniertheiten, in den Gemeinschaftserfahrungen, die ich in meinem Leben gemacht habe. Sie haben mir im Kleineren gezeigt, was ich später in den Strukturen der (deutschen) Dominanzgesellschaft über Verletzung, Heilung und Aushandlungsprozesse verstanden habe. Die Gemeinschaften, die ich kennengelernt habe, waren an einen Ort gebundene Gruppen mit gemeinsamen Interessen (*community of place and interest*). So nutze ich den Begriff in dieser Arbeit. Wenn ich über ›Community‹ schreibe, meine ich weniger eine Ortsgebundenheit und vor allem eine gemeinsame Identität und (politische) Interessen.

[10] Stetiges Ringen; stetiger Kampf um Freiheit und für Gerechtigkeit.

[11] Stetiges bzw. nicht enden wollendes verletzt- oder verwundet- werden.

Ich bin in einer christlichen Lebens- und Arbeitsgemeinschaft aufgewachsen, in der Menschen einen politischen Glauben nach dem Vorbild der ersten Christen[12] gelebt haben und leben. Dies bedeutete dort unter anderem Gütergemeinschaft, Konsens-Entscheidungsprinzip und flache, bis keine Hierarchien. Damals lebten dort 60 bis 70 Menschen, die alles teilten, auch das Geld. Über Erziehung wurde gemeinsam entschieden, die Arbeit fand auf dem gemeinsamen Gelände statt und versorgte alle. In Verbundenheit und Solidarität mit einer Befreiungsbewegung aus El Salvador und ›zur Bewahrung der Schöpfung‹[13] wurde dort in ›selbstgewählter Armut‹ – so hieß es damals, gelebt. Es wurde sich gegen Atomkraft eingesetzt und ein nachhaltiger Konsum versucht. Das gemeinschaftliche Leben sollte eine Alternative zur dominanten kapitalistischen Lebensweise schaffen, als Experimentierraum, in dem ein gerechteres Zusammenleben erprobt werden sollte. Dieses Aufwachsen hat mich sehr geprägt. Ich habe in diesem Lebenskonzept viel gelernt und bin für vieles dankbar. Anderes in dieser Art des Zusammenlebens wiederum war herausfordernd und eng, was bestimmte Normvorstellungen, Regelwerke und damit verbundene Ausschlusspraktiken anging. So habe ich für viele Fragen, die sich Menschen dort auf der Suche nach einem gerechteren Zusammenleben meine eigenen Antworten gefunden.

Einige andere Gemeinschaften[14] die ich besucht habe oder in denen ich gelebt habe, hatten andere Visionen, Lebensweisen und (Selbst-)Verständnisse. In Gemeinschaften durfte ich wunderbare Erfahrungen des Verbundenseins, des inneren persönlichen und gemeinsamen Wachstums, von Prozessen gemeinsamer Visionssuche und Erfahrungen ›gelebter Utopie‹ machen. Und ich habe erleben und beobachten können, welche Absturzstellen, Schattenseiten und Herausforderungen sich auch in alternativen Formen des Zusammenlebens ergeben können.

[12] Die ersten Christen waren Juden, die in Jesus den Sohn ›Gottes‹ sahen. Die ersten Christen folgten den Lehren von Jesus von Nazareth nach dessen Kreuzigung. Im Verweis zu den ersten Christen wird sich unter anderem auf die Briefe des Apostel Paulus bezogen (40–60 nach Christus). In der Apostelgeschichte heißt es: »Keiner nannte etwas von dem, was er hatte, sein Eigentum, sondern sie hatten alles gemeinsam.« (Apg Kapitel 4,33).

[13] Ich nutze diesen Begriff auch über christliche Kontexte hinausgehend für den Planeten und alles Lebendige auf ihm*ihr, aber auch den größeren und teilweise unbegreifbaren universalen Zusammenhang.

[14] Die Besuche oder Aufenthalte waren mal für ein paar Tage, Wochen, ein Jahr oder drei Jahre und meine letzte Gemeinschaftserfahrung waren 5 Jahre in einem Hausprojekt mit 17 Menschen. Einige Gemeinschaften waren spirituell oder religiös, andere vor allem auf eine nachhaltige Lebensweise ausgerichtet, und im Falle meiner letzten Erfahrung waren die Förderung von Kunst und Kultur, der Freikauf von Grund und Boden und das verbundene und führsorgliche Miteinander im Zusammenleben im Fokus.

Einige davon ähneln denen in der (deutschen) Dominanzgesellschaft sehr. Die Beschäftigung mit persönlichen schmerzhaften Erfahrungen, die ich in Gemeinschaften gemacht habe, hat mir den Anstoß gegeben, über Verletzungen durch Gruppen und letztlich gesellschaftliche Systeme nachzudenken und diese Erfahrungen und Dynamiken auch in größeren Kontexten zu erkennen. Zudem hat mir meine letzte Gemeinschaftserfahrung, einige Aspekte von Heilung durch Gemeinschaft gezeigt, die in den letzten drei Jahren meiner Politisierungsprozesse und der (er)wachsenden Zugehörigkeitsgefühle, zur Schwarzen deutschen Community und zu queeren Communities, noch mehr wurden. Für erlebte Dynamiken und Fragen nach den strukturellen Ursachen von Verletzungen, aber auch verbundener und kreativer Heilung, fand ich später in diskriminierungs- und machtkritischer Literatur und in Räumen der genannten Communities, Worte.

1.3 Methodik und Methodologie

Nach dem Soziologen und Behindertenrechts-Aktivisten Mike Oliver, sollte oberstes Ziel von Sozialforschung die Verbesserung der Lebensbedingungen der Beforschten sein (Oliver 1992, S. 110). Dass dies in allzu vielen Fällen nicht der Fall ist, führt Mike Oliver darauf zurück, dass sich Sozialforschung in der Regel von den ›Forschungsobjekten‹ (Menschen) entfremdet. Strukturelle Benachteiligung werde zwar regelmäßig durch Forschungsergebnisse aufgezeigt, aber daraus ergeben sich verhältnismäßig selten umfassendere Reformen, die sich positiv auf das Leben von Individuen auswirken. Oliver fordert daher ein emanzipatorisches Forschungsparadigma, bei dem es um die Konfrontation mit sozialer Unterdrückung, auf welcher Ebene auch immer sie auftritt, gehen soll. Zudem sollte über Strukturen der Macht, welche die sozialen Beziehungen der Forschungsproduktion strukturieren aufgeklärt werden. Forschung war und sei im Wesentlichen immer noch eine Tätigkeit, die von denen ausgeht, die viel Macht haben, und auf die ausgeübt wird, die wenig Macht haben (ebd., S. 110). So laufe Forschung Gefahr, sich von den eigentlichen Bedarfen und der Lebensrealität der beforschten Menschen(-gruppen) zu entfernen.

Die Gewalt, in dominanten Forschungsverständnissen wird auch in indigenen Forschungsethiken (Chilisa 2012) und in Thematisierung von epistemischer Gewalt zum Beispiel im Forschungsfeld der Mad Studies (u. a. Fricker 2010, Beresford 2012) kritisiert und durch neue Ethiken und Paradigmen emanzipatorisch transformiert. Wenn die Tradition der Forschung auch als eine koloniale Praxis der Unterdrückung anerkannt wird, müsste dieses ›Werkzeug der ›Unterdrücker‹ (Lorde 2021) zumindest mit Skepsis betrachtet werden und die

Hoffnung, dass hiermit (allein) das ›Haus der Herrschenden‹, also Systeme der Unterdrückung zerstört werden können, sollte kritisch hinterfragt werden. Nach hooks müsste zwischen dem nützlichen, dienlichen Wissen, und dem Wissen, was Menschen von sich selbst und der Welt entfernt unterschieden werden (hooks 1996, S. 156, S. 153). Es kann eine Forschung geschaffen werden, die den eigenen Belangen und denen der Community dienlich ist (Laura 2013, Beresford 2012).

Die Ethnografie hat eine gewaltvolle Geschichte der Übertragung naturwissenschaftlicher Paradigmen auf die Humanwissenschaften. Ethnografische Praktiken als Teil der »kolonialistischen und sterilen Forschungsintentionen (…), bei denen Wissenschaftler/innen in ›fremde Kulturen‹ eindrangen, deren Mitglieder ausnutzten und dann wieder gingen, interessiert an eigenem materiellen oder professionellen Nutzen und ohne Rücksicht auf die Beziehungen, die im Verlauf der Forschung entstanden waren« (Conquergood 1991; Ellis 2007 in Adams et. al. 2020 S. 2 f.), wurden in den 1970er und -80er Jahren kritisch überdacht. Lange wurden BIPoC in ethnografischen Untersuchungen von Europäer*innen wie Tiere, Pflanzen oder Geografie behandelt. Sie wurden vermessen, verglichen, die Gebeine Ermordeter wurden gesammelt und ausgestellt, es wurden Normen konstruiert um anschließend Anomalien und Abweichungen festlegen zu können. So wurden Rassentheorien aufgestellt, Menschen auf Plantagen und in Psychiatrien, festgehalten, ausgebeutet und ermordet. Da diese Geschichte von der Ethnografie nicht nahezu ausreichend dekonstruiert wurde, hat diese Geschichte Kontinuitäten bis heute.

Meine Motivation für diese Arbeit ergibt sich neben genannten (privaten) Lebenserfahrungen aus meinen Positioniertheiten in gesellschaftlichen Macht- und Unterdrückungsverhältnissen, die wiederum mit beschriebenen Lebenserfahrungen verflochten sind. Ich verstehe Wissen als *situiert*, das heißt, dass es stark mit gesellschaftlicher Positioniertheit zusammenhängt und jedes Wissen von Macht- und Kulturrelationen strukturiert ist (Haraway 1995, S. 75, S. 84). Ich schreibe diese Arbeit autoethnografisch, prozessorientiert und künstlerisch informiert.

Mein Schwarz-feministisches Forschungsverständnis beinhaltet eine Kritik an dominanten Wissenschaftskonzeptionen und ihren (konstruierten) Verständnissen von Neutralität und Objektivität und denkt Macht- und Unterdrückungsverhältnisse mit (Kilomba 2020, S. 30). Dabei weisen die gewählten Ansätze der Autoethnografie (Adams 2020, S. 2 f.), der künstlerischen Forschung (Schreier 2017), sowie Schwarz-feministische und indigene Forschungszugänge und -Ethiken (Chilisa 2012, Tuhiwai Smith 1999), einige Parallelen auf, wenn es um herrschaftskritische, ›andere‹ Arten der Wissensgewinnung, Kritik an dominanten

Verständnissen von ›Wissen‹ und Wissenshierarchien und die emanzipatorischen Potentiale neuer (oder auch präkolonialer) Zugänge, geht.

Als in der qualitativen Sozialforschung verortete Methode, generiert die Autoethnografie » lokales, vorläufiges und somit auch revidierbares, kontext- und stand- punktgebundenes« (Schreier 2017, S. 5) Wissen. Etwas verkürzt kann die Autoethnografie als eine Umkehrung der klassischen Ethnografie verstanden werden, bei der Kultur(en) nicht von außen und ›unbeteiligt‹ möglichst objektiv und wertfrei beschrieben und klassifiziert, sondern in ihrer Verwobenheit mit der Subjektivität der Forscher*innen analysiert werden (Geimer 2018, S. 14). In der Autoethnografie werden eigene, persönliche Erfahrungen beschrieben, reflektiert, analysiert und verschriftlich. Soziokulturelle Erfahrungen können so besser verstanden und kontextualisiert werden (Adams et. al. 2020, S. 2 ff.; Winter 2011). In der autoethnografischen Arbeit bin ich sowohl (untersuchtes) Objekt, als auch (untersuchendes) Subjekt. Eine in der Wissenschaft fortschreitende Sensibilisierung für die Positionierung der Forschenden geht von unterschiedlichen Sichtweisen und ihren Begrenztheiten im Hinblick auf die ›Wirklichkeit‹ aus, die eine Auswirkung auf Forschungsergebnisse und somit auf die Schaffung neuer ›Wahrheiten‹ hat. Den einen objektiven Blick[15] auf die Wahrheit gibt es so gesehen nicht (Winter 2011, S. 7 f.). Es wäre nicht nur verfälschend, meine eigene Positionierung nicht zu benennen und transparent zu machen. In der Autoethnografie wird auch der Wert hervorgehoben, welchen Erzählungen subjektiv erlebter Erfahrungen haben (Ellis 2010, S. 345 f.). Grada Kilomba ist Psychologin, interdisziplinäre Künstlerin, Professorin und Autorin. In ihrem Buch *plantation memories* (2020) fand ich große Schnittmengen zur Autoethnografie. Sie macht darin unter anderem die lange Geschichte der Marginalisierung Schwarzer Wissensproduktion verständlich und schafft in ihrer Veröffentlichung ein Beispiel postkolonialer Wissensproduktion (Kilomba 2020, u. a. S. 26). Über ihre Positionierung schreibt sie:

> »I, as a Black woman, write with words that describe my reality, not with the words that describe the reality of a white scholar, for we write from different places. I write from the periphery, not from the centre« (Kilomba 2020, S. 30).

[15] Unhinterfragte Norm war zum Beispiel die Perspektive des *weißen* heterosexuellen, christlichen, nicht-behinderten, mindestens in der Mittelschicht verorteten cis-Mannes, als Forschenden. Andere »Außenseiter*innen« – Positionen, werden teilweise immer noch als normabweichend und subjektiv markiert und ihr Wissen bekommt im Diskurs weniger Beachtung (Ellis 2016, S. 345 f.).

Als rassifizierte, in der Peripherie dieser Gesellschaft positionierte Person, sehe ich (Menschen wie) mich, in Forschungen der Dominanzgesellschaft, oft als erforschtes Objekt und selten nahe meiner tatsächlichen Lebensrealität und -Erfahrung abgebildet (siehe auch Kilomba 2020, S. 10). In empanzipatorischen Forschungszugängen, so auch in der Autoethnografie, kommen marginalisierte Personen aus der eigenen Perspektive erzählend zu Wort. Das ist nicht nur empowernd für Betroffene, sondern kann auch den ›Blick umdrehend‹ bereichernd für die Gesamtgesellschaft sein, da ›*weiße*‹ Flecken (nach Amjahid 2021)[16] beleuchtet werden (Adams et. al 2017, S. 3). Forschung ist in dem hier gewählten Ansatz gewissermaßen diskriminierungskritisch und wird als ein politischer und sozialer Akt verstanden (Winter 2011, S. 10; Kilomba 2020, S. 10).

Die Arbeit setzt emotionales Verstehen zentral und erlaubt Emotionalität als Zugang zu Wissen und als Quelle für Erkenntnis.

In einer autoethnographischen Arbeit wie dieser, sind also meine eigenen Emotionen für den Verstehens- und Wissensproduktionsprozess relevant und fließen maßgeblich mit ein. Da Gefühle von zentraler Relevanz in Lernprozessen sind (Gerald Hüther 2015) und auch aus dem Grund, dass die Aufrechterhaltung von Diskriminierung und der Kampf gegen eben diese unmittelbar mit Emotionen verbunden ist (Bönkost 2016, S. 4)[17], erhoffe ich mir durch die Wahl der beschriebenen Methoden eine emotionale Nachvollziehbarkeit des in meiner Arbeit Behandelten herstellen zu können. Zudem sollen die Literaturrecherchen einen Zuwachs des theoretischen Wissens über Heilung ›als politische Praxis‹ erzielen. Sie sollen der Kontextualisierung, besseren Nachvollziehbarkeit, Erweiterung, Vertiefung, Erklärung und dem Realitätsabgleich dienen.

Die Position, aus der ich schreibe, ist stark durch den deutschen Kontext geprägt. Einiges was ich beschreiben werde, ist jedoch auch auf andere Gesellschaften übertragbar, die auch seit Jahrhunderten durch die großen ›-Ismen‹ geprägt sind. Besonders jene Gesellschaften, die andere Gesellschaften kolonialisiert haben. Mein Bemühen, nicht nur über den deutschen Kontext zu schreiben und die gleichzeitige Beschränktheit durch meine eurozentrische Prägung, bildet sich auch in meiner Literaturauswahl ab, die zu einem nicht geringen Teil aus den

[16] Dies ist eine Anspielung auf Mohamed Amjahids Buch *Der weiße Fleck: Eine Anleitung zu antirassistischem Denken* (2021). Gemeint sind hier Flecken oder Aspekte von Gesellschaft, die Mitgliedern der *weißen* Dominanzgesellschaft nicht bewusst sind und ausgeblendet werden (können). So zum Beispiel die strukturelle Ebene von Diskriminierung.

[17] Wäre Rassismus nur ein rein rationales Phänomen, so Bönkost, dann würden Versuche, ihn zu dekonstruieren sehr viel häufiger gelingen und wir wären bereits weiter fortgeschritten in seiner Dekonstruktion (Bönkost 2016, S. 4).

USA, und einem nahezu verschwindend kleinen Teil aus Ländern des globalen Südens kommt. Ich habe vor allem Autor*innen angeführt, die selbst (mehrfach) marginalisiert sind. Sie führen teilweise Wissen an, was präkolonial oder am Rand eurozentrischer Wissenssysteme zu verorten ist. Und sie bewegen sich zu anderen Teilen selbst, mit einer kritischen Haltung, in einem eurozentrischen Wissenskanon.

Zudem will ich hier verdeutlichen, dass neben den Quellen, die ich zitiere, ein nicht geringer Teil dessen, was an Wissen hinter den Worten dieser Arbeit liegt, im Kontakt und im Austausch mit meinen Freund*innen und innerhalb meiner Communities entstanden ist. Mit meinen Freund*innen habe ich im Vorhinein und während der Arbeit diskutiert, sie waren mir Spiegel und Resonanzraum und nicht nur meine, sondern auch ihre Erfahrungen haben mein Interesse für das, was ich letztlich hier niedergeschrieben habe, geweckt. Zudem stammt ein Großteil des Wissens aus kollektiven Prozessen (auf akademischer und aktivistischer Ebene) in den Communities, derer ich mich Teil fühle. Marginalisierte Wissensproduktion ist geprägt und eng verbunden mit Bewegungen/Communities und ihren Befreiungskämpfen und entsteht in kollektiven (Aushandlungs-)Prozessen (Russo 2021; Chilisa 2020).

Beim prozesshaften Schreiben gehen die recherchierte Literatur und Reflektionen meiner eigenen Erfahrungen eine Wechselwirkung ein und es ergeben sich möglicherweise neue Fokussetzungen. Mich interessieren auch Erkenntnisse, die keine direkte Antwort auf die anfängliche Fragestellung, nach zentralen Aspekten von Heilungs- und Unterstützungsverständnissen marginalisierten Communities und ihrer Implezierbarkeit in dominante Systeme psychosozialer Hilfe und Unterstützung, geben. Ich versuche derart flankierende Ergebnisse dennoch an die Beantwortung der Fragestellung zurückzubinden. Wissensgewinnung verstehe ich nicht als linear, sondern als kreative Suchbewegung, die äußerst beweglich ein multidimensionales Wissensgeflecht spinnt.

In meinem Schreibprozess spielten künstlerische Medien, zum Beispiel Liedzeilen und Gedichte von weiteren Künstler*innen oder meine eigenen poetischen Texte, Fragesammlungen und Illustrationen eine Rolle. Im Sinne einer autoethnografischen und künstlerisch forschenden Vorgehensweise (*Arts-Informed Research.* Schreier 2017, S. 5) werden die Ergebnisse dieser kreativen Suchbewegung(en) mit unterschiedlichen Mitteln, zur Vermittlung und leichteren Zugänglichkeit, auch in die Arbeit einfließen. Unter zwei Überschriften tauchen Textpassagen auf, die einen freieren, assoziativen, abstrakteren oder fiktiveren Charakter haben als die anderen Texte. Sie sind ebenfalls im Block eingerückt und zudem kursiv gesetzt. Sie entstanden im Schreibprozess und können im Sinne der *Art-based-research* als künstlerische Elemente gelesen werden, anhand derer ich Forschung und Erkenntnisse in einem offeneren Format und mit alternativem Blickwinkel zu vermitteln versuche (ebd. 2017, S. 8, S. 11). (Lied-)Zitate sind mittig gesetzt. Ebenso die eigenen Poesie- Fragmente, die nicht mit Namen und Jahreszahl versehen sind, da sie von mir stammen.

Ich verwende teilweise englische Begriffe, da die Diskurse in denen ich mich bewege, im englisch sprachigen Raum deutlich ausgereifter sind und ein großer Teil meiner Literatur englisch sprachig ist. Die Anschlussfähigkeit an internationale Diskurse soll sichtbar bleiben. Gleichzeitig will ich einiges für eine bessere Lesbarkeit auch ins Deutsche übersetzen und bestimmte Begriffe neu besetzen oder auf deutsch in den Diskurs einführen, um die Diskurse auch in diesem Sprachraum stärker zu verankern.

2 Kritik eurozentrischer und dominanter psychosozialer Gesundheitssysteme

In diesem ersten Teil der Arbeit geht es um eine kritische Betrachtung eurozentrischer und dominierender Systeme der psychosozialen Gesundheitsfürsorge. Mit *eurozentrisch* oder *dominant* werden hier Praktiken, Institutionen, Grundannahmen oder Perspektiven bezeichnet, deren Etablierung und Dominanz durch staatliche Förderungen bedingt und durch eine lange Geschichte in westlichen Gesellschaften gekennzeichnet ist.

Zunächst werde ich das biopsychosoziale Gesundheitsmodell erläutern und deutlich machen, was ich mit ›psychosozialen Gesundheitssystemen‹ meine, zu denen ich die Soziale Arbeit und die (Psycho-)Therapie zähle. Im Anschluss werde ich Aspekte der Trennung beider Disziplinen problematisieren. Eine kritische Betrachtung thematisiert schließlich die Reproduktion von Macht- und Unterdrückungssystemen in den etablierten Strukturen. Abschließend werden vor allem die herausgearbeiteten Leerstellen in den dominanten Systemen aufgezeigt. Um die Bereicherung alternativer Zugänge zu verdeutlichen, braucht es im ersten Schritt eine solche Problematisierung, um darauf aufbauend im Teil *Wounding, Healing and Struggle* der Suche nach alternativen Zugängen und Verständnissen psychosozialer Gesundheitsversorgung eine Richtung zu geben.

2.1 Was ist Gesundheit?

Gesellschaftliche Macht- und Ungleichheitsdimensionen werden oftmals als gegeben und unveränderlich hingestellt und in Überlegungen zur Entstehung von psychosozialen Leidenszuständen, sowie im Umgang damit, nicht mitgedacht. Dies liegt unter anderem am biomedizinischen Gesundheitsmodell, welches auf die Lehre des Mediziners und Biologen Robert Koch zurückgeht. Das weltweit dominante Modell der biomedizinischen Gesundheit und Krankheit blendet

R. Goltz, *Healing als politische Praxis*, BestMasters,
https://doi.org/10.1007/978-3-658-51087-9_2

gesellschaftliche Einflüsse und Abhängigkeiten aus (Holst 2022). Hier wird eine einfache Ursache-Wirkungs-Beziehung zwischen messbaren pathophysiologischen Auslösern und Krankheitsphänomenen angenommen, was aber als Erklärung für die Existenz nicht übertragbarer Krankheiten und psychosozialer Erkrankungen nicht ausreicht (ebd.).

Das biopsychosoziale Gesundheitsmodell schließt im Vergleich zum vorherrschenden biomedizinischen Modell mehr Dimensionen, die unsere Gesundheit beeinflussen, mit ein. Die Weltgesundheitsorganisation (WHO) definiert ›Gesundheit‹ seit 1946 gemäß dem sogenannten biopsychosozialen Gesundheitsmodell. Dieses besagt, dass Gesundheit und Krankheit als Resultat eines komplexen Zusammenspiels von bio-medizinischen, psychologischen Vorgängen und sozialen Einflussfaktoren zu verstehen sind. Erst dieses Verständnis macht es möglich, gesundheitliche Auswirkungen von Diskriminierungsformen umfassend zu verstehen und passende Umgangsformen damit zu finden (Saad 2022, S. 50). Aber auch einige Autor*innen, die das biopsychosoziale Gesundheitsmodell nutzen, klammern gesellschaftliche Einflussfaktoren letztlich aus (z. B. Berking 2012, S. 29; Egger 2015, S. 53–67). Unter ›sozial‹ werden dann letztlich nur familiäre oder institutionelle (zum Beispiel schulische) Einflüsse verhandelt – nicht aber gesamtgesellschaftliche Strukturen, die Kultur, Normkonstruktionen und Herrschaftssysteme formieren und sich wiederum auf die institutionelle und individuelle Ebene auswirken (Berking 2012, S. 29; Egger 2015, S. 53–67). Zudem lässt sich beobachten, dass obwohl ›biopsychosozial‹ zusammengeschrieben wird, in unserem Gesundheitssystem eine Trennung der drei eigentlich verbundenen Sphären in unterschiedliche Behandlungssettings (Medizin bzw. Krankenhäuser, Psychotherapie, Psychiatrie, Soziale Arbeit usw.) erfolgt. Ich nutze hier den Begriff der psychosozialen Gesundheit und lege den Fokus auf Auswirkungen und Einflüsse gesellschaftlicher Macht- und Unterdrückungssysteme, da diese viel zu selten berücksichtigt werden[1]. Da diese Arbeit keine (bio-)medizinischen Hilfe- und Unterstützungssysteme thematisiert, tritt das ›bio‹ zunächst in den Hintergrund. Ich werde die körperliche Gesundheit jedoch teilweise mitbesprechen, da, wie das biopsychosoziale Gesundheitsmodell zeigt, eine Verbindung der drei Sphären besteht.

---

[1] Häufiger werden die institutionelle und individuelle Ebene besprochen. So werden zum Beispiel Schule oder Familiensysteme als Einflussfaktoren auf die psychosoziale Gesundheit von Kindern thematisiert. Wenn dabei gesellschaftliche Strukturen nicht mitgedacht werden, neigen diese Thematisierungen aber dazu, bestimmte dominante Normvorstellungen und damit verbundene Abwertungen zu reproduzieren. Die strukturelle Ebene wirkt sich auch auf die institutionelle und individuelle Ebene aus.

2.2 Trennung von Klientel der Sozialen Arbeit und (Psycho-)Therapie

Der Begriff der psychosozialen Gesundheitsversorgung wird im deutschsprachigen Raum nicht einheitlich verwendet und es lassen sich unterschiedliche Definitionen dieses Terminus, sowohl in der Sozialen Arbeit als auch in therapeutischen Settings finden. In der Sozialen Arbeit findet psychosoziale Beratung als eine zentrale Handlungsweise in mittel- und langfristigen Kontexten statt (Sozialministerium 2019). Psychosoziale Versorgung ist hier interdisziplinär und sektorenübergreifend unter anderem in Bereichen der Gesundheit, Soziales/Jugendwohlfahrt und Schule zu finden (ebd.). Bei Becker et. al. (2016, S. 1 ff.) werden unter *Psychosozialen Interventionen* Präventionsmaßnahmen verstanden, mit welchen das Ziel verfolgt wird, betroffenen Personen dabei zu helfen, ihre Fähigkeiten und Potentiale bestmöglich zu entfalten, um ein hohes Maß an Selbstständigkeit und Unabhängigkeit (auch von professioneller Hilfe) zu erreichen. Zudem liege der Schwerpunkt auf der Förderung von sozialen, lebenspraktischen und beruflichen Fähigkeiten, die für ein eigenständiges und erfülltes Leben in der jeweiligen Umgebung notwendig sind. Der Terminus *Psychosoziale Therapie* wird zudem neben der somatischen Therapie und der Psychotherapie als eine von drei Säulen der Behandlung ›psychischer Störungen‹ bezeichnet (Gühne et. al. 2014, S. 3).

Gahleitner und Pauls (2012) plädieren im Buchbeitrag *Soziale Arbeit und Psychotherapie – Zum Verhältnis sozialer und psychotherapeutischer Unterstützungen und Hilfen* (2012) für die zunehmende Verbindung beider Disziplinen durch einen doppelten Fokus auf psycho-soziale Faktoren. Es könne voneinander gelernt und sich ergänzt werden (ebd., S. 371). Der Bedarf an einem »doppelt fokussierten Angebot« (Geißler-Piltz/Pauls/Mühlum 2005, in Gahleitner & Pauls 2012, S. 368) sei laut empirischer Befunde steigend und könne »ohne eine hinreichende Förderung der individuellen Lebenslage mit ihren psychosozialen Faktoren ebenso wenig beantwortet werden, wie durch eine zu enge Fokussierung auf psychophysische Aspekte« (Pauls 2004, in Gahleitner & Pauls 2012, S. 368). Die ›klinisch orientierte Sozialarbeit‹[2] könne als Dach für soziale Beratung und Therapie dienen, so die Autor*innen (Gahleitner & Pauls 2012, S. 370). Dieses Plädoyer fußt auf der Beobachtung einer paradoxen Trennung der Klientel Sozialer Arbeit und

[2] Diese Richtung hat sich in den letzten 15 Jahren entwickelt, bemüht sich um Veränderungsimpulse für Individuen im Kontext ihrer »Umfeld- und Lebensbedingungen und entwirft auf dieser Basis dialogische und kooperative Hilfeformen sowie geeignete Setting-Projekte zum Abbau sozial bedingter und sozial relevanter Belastungen, Krisen und Erkrankungen« (Gahleitner & Pauls 2012).

Psychotherapie in unterschiedlich charakterisierte ›Fälle‹[3]. Die ›unkomplizierten Fälle‹ würden von der Psychotherapie und die ›komplexen Fälle‹ von der Sozialen Arbeit behandelt, so geben die Autoren die häufigen Einschätzungen und Formulierungen von einer Tagung der Psychotherapeutenkammer (2008) wieder, an der sie teilnahmen (Gahleitner & Pauls 2012, S. 367). Sie beschreiben zudem die weit verbreitete Einschätzung, dass »Psychotherapie als Domäne der Psychologie und Medizin (…) als kurativ, tiefgehend und strukturverändernd charakterisiert [wird], Beratung als Arbeitsbereich Sozialer Arbeit dagegen als kurzfristig, situativ und präventiv« (Schrödter 1997, in Gahleitner & Pauls 2012, S. 367). Die Autor*innen kritisieren diese Trennung und zeigen indirekt das Paradoxon auf, bei welchem ›komplexen Fällen‹ weniger tiefgehende Unterstützung zugutekommt, als ›unkomplizierten Fällen‹ und Prävention erst angezeigt ist, wenn ein ›Fall‹ bereits ›komplex‹ ist. Die Autor*innen lösen nicht auf, was in diesem Zusammenhang ›komplex‹ und ›unkompliziert‹ bedeutet. Sie geben jedoch im Laufe des Textes immer wieder Hinweise darauf, was die tatsächliche Trennung der Klientel charakterisiert. So lässt ihr Text darauf schließen, dass ›komplexe Fälle‹ meist aus sozial benachteiligten Familien kommen. (Hurrelmann 2009, in Gahleitner & Pauls 2012, S. 367). Die Autor*innen (2012, S. 357 f.) sprechen weiter von »individuellen« und unterschiedlichen »lebensweltlichen Bedingungen«. Diskriminierungserfahrungen als ›lebensweltliche Bedingung‹ wird nicht klar angesprochen und eine mögliche Antwort auf die Frage, worin sich die Klientel in den beiden Disziplinen initial voneinander unterscheiden, liegt in der Arbeit von Gahleitner und Pauls nur zwischen den Zeilen.

Etwas klarer, so meine Einschätzung, wird die Aufteilung in unterschiedliche ›Fälle‹ und Ziele bzw. Charakteristika der zwei Disziplinen mit Blick auf Machtstrukturen und Positioniertheiten der Klientel von Sozialer Arbeit und (Psycho-) Therapie. Die relative Häufung von Menschen aus marginalisierten Communities als Klientel der Sozialen Arbeit (Sagebiel & Pankofer 2015; Punz 2015, S. 63) und deren tendenzieller Ausschluss aus therapeutischen Settings gibt Hinweis auf Macht- und Unterdrückungsstrukturen. Zu ausschließenden Mechanismen zählen zum Beispiel erschwerte Zugänge und weniger Repräsentation von marginalisierten Communities in Ausbildung, Studium und Praxis, so Amma Yeboah (2017, S. 150). Sie führen dazu, dass Psychotherapie vor allem von mehrfachprivilegierten (z. B. akademisch-*weißen*) Mitgliedern der Dominanzgesellschaft genutzt wird (Yeboah 2017, S. 150). Dass es zum Beispiel wenig Therapeut*innen of

[3] Ich assoziiere mit ›Fall‹ auch ›Problemfall‹ und eine individualisierende Herangehensweise an Herausforderungen oder Krisen von Menschen, die darin in meinen Ohren eine Abwertung erfahren.

Colour gibt, bei denen sich Klient*innen of Colour potentiell sicherer, verstanden und wohl fühlen, muss vor dem Hintergrund von Ausschlüssen im Bildungssystem betrachtet werden, die in der Grundschule beginnen und sich in Hochschulen und Universitäten fortführen.

Dass die ›komplexen Fälle‹ in den Formulierungen Gahleitner und Pauls, von Natur aus ›komplex‹ zu sein scheinen, deutet auf Otheringprozesse[4] hin, die strukturell (mehrfach) marginalisierte Individuen und Communities als ›anders‹ und normabweichend konstruieren und abwerten. Diese Abwertung passiert (wohl teilweise indirekt oder unbeabsichtigt), indem Ursachen, Grundbedingungen des Ausschlusses und der Diskriminierung nicht klar benannt werden. So muss der Grund der ›komplizierten Komplexität‹ in den Individuen gesucht werden. Die ›unkomplizierten Fälle‹ beschreiben dann Personen, auf die wohl mit nicht allzu viel Fantasie auch Zuschreibungen wie ›mehr Privilegien‹ oder ›weniger strukturelle Gewalterfahrung‹ passen würden. Die bei der Konstruktion dieser unterschiedlichen Gruppen relevanten Otheringprozesse beinhalten eine Hierarchisierung und ermöglichen Privilegierteren letztlich mehr Zugang zu Unterstützungsangeboten, während weniger Privilegierten häufiger Hilfe angeordnet wird. In dieser Gegenüberstellung schreibe ich Psychotherapie zu, im Vergleich zur Sozialen Arbeit eher (freiwillige) Unterstützung anzubieten. Sozialer Arbeit ordne ich in einigen gängigen Praktiken im Vergleich zur Psychotherapie eher dem (paternalistischen) ›Helfen‹ zu. Sie arbeitet enger mit staatlichen Verteilungs- und Kontrolllogiken, mit (Zwangs-)Maßnahmen, ›Hilfeplänen‹ und hat real direkteren Zugriff auf Individuen. Zusammenfassend lässt sich also sagen, dass eine wesentliche Charakteristik der Trennung der Disziplinen im sich durch (De-)Privilegierungserfahrungen unterscheidenden Klientel liegt: Fast jede Adressat*innengruppe der Sozialen Arbeit gehört zu den *vulnerable groups* und wird im Menschenrechtsdiskurs als aktuelles oder potenzielles Opfer von Menschenrechtsverletzungen eingestuft (Staub-Bernasconi 2014, S. 369). Zu den *vulnerable groups* zählen Kinder, ältere Menschen, Menschen mit Behinderungen, Frauen und Mädchen, ethnische und rassifizierte Minderheiten (je nach Kontext) und BIPoC (weltweit), in Armut Lebende, LGBTQIA + Personen, Einwanderer*innen, Migrant*innen und geflüchtete Menschen (UN ›vulnerable groups‹,

[4] Othering lässt sich mit ›jemanden zum Anderen machen‹ übersetzen. Es wird damit das Prinzip beschrieben, dass sich eine Gruppe selbst zur Norm macht und somit alle anderen zur Abweichung oder eben ›den Anderen‹ werden. So werden in dieser Gesellschaft zum Beispiel rassifizierte und migrantisierte, darunter Menschen, deren Familien teilweise seit Generationen in Deutschland leben, von der *weißen* Dominanzgesellschaft als nicht dazugehörig und ›nicht deutsch‹ markiert (Ogette 2020, S. 59 f.)

UN- Kinderrechtskonvention, UN-Behindertenrechtskonvention[5]). Es reicht also nicht aus, einen ›Fall‹ als ›komplex‹ zu markieren und damit zu naturalisieren. Lebensrealitäten und auch biografische Krisenmomente sind von Herrschaftsstrukturen geprägt, die es zu reflektiert gilt, damit Ungleichverhältnisse erkannt werden, ihnen entgegengewirkt werden kann (Stark & Noak 2017, S. 891) und kurative, also heilende, Angebote keine Frage von Privilegierung bleiben.

Ich benutzte den Begriff der psychosozialen Gesundheitsversorgung also im Folgenden sehr breit und die oft separat verhandelten *psychosozialen Gesundheitssysteme* und *Systeme psychosozialer Hilfe und Unterstützung*, begreife ich insofern als zusammenhängend, als sie in ihren Institutionen und Professionen Menschen in psychosozialen Herausforderungen, Leidenszuständen oder (akuten) Krisen Unterstützung[6] anbieten oder Hilfe[7] verordnen. Sie haben in ihren Arbeitsfeldern, Methoden und Verfahren viele Überschneidungen: In psychiatrischen Kliniken sind auch Sozialarbeitende beschäftigt, (Psycho-)Therapeut*innen arbeiten auch in sozialarbeiterischen Settings und psychotherapeutisch geprägte Ansätze und Methoden lassen sich in (psychosozialen) Beratungsstellen wiederfinden. Der systemische Ansatz zum Beispiel wird in Beratungs-, Therapie- und Hilfeverfahren sowohl in therapeutischen als auch sozialarbeiterischen Settings genutzt (Paulick 2020). Genaue Settings, oder spezifische psychosoziale Zustände rücken in den Hintergrund. Es geht vor allem um einen strukturellen Blick, der Gesundheitsverständnisse und Zugänge betrachtet, welche Praktiken in den unterschiedlichen Professionen und Institutionen psychosozialer Gesundheitsversorgung beeinflussen.

---

[5] UN (United Nations/ Vereinte Nationen) UN ›vulnerable groups‹, https://www.un.org/en/fight-racism/vulnerable-groups UN- Kinderrechtskonvention, https://www.kinderrechtskonvention.info. UN-Behindertenrechtskonvention https://www.behindertenrechtskonvention.info.

[6] Unterstützung nutze ich als positiven Begriff, den ich mit Augenhöhe und Freiwilligkeit verbinde.

[7] Der Hilfe-Begriff hat meist auch eine paternalistische Konnotation. *Helfer*innensyndrom* oder *White Saviourism* zum Beispiel können zwar gut gemeint sein, gehen aber nicht selten an den eigentlichen Bedarfen von Betroffenen vorbei. Der hier genutzte Hilfe-Begriff umfasst auch Zwangsmaßnahmen.

2.3 Diskriminierung in der psychosozialen Gesundheitsversorgung

Welche Auswirkungen haben gesellschaftliche Verhältnisse auf individuelle und kollektive Gesundheit(en)? Gesellschaftliche Strukturen machen Diskriminierungserfahrungen auch in psychosozialen Berufsfeldern zu einer Realität und haben einen fundamentalen Einfluss auf die Gesundheit von Betroffenen (Yeboah 2017, S. 157; Lerch 2019, S. 55 f.; Kluge et al. 2020, S. 1020). Zena Sharman beschreibt in *The care we dream of. Liberatory & Transformative Approaches to LGBTQ + Health* (2021, S. 45 f.), dass die Bedeutung des Satzes »*No one must be left behind*«[8] oft nicht wirklich verstanden wird, weil die Idee, dass es unumgänglich ist, manche zurückzulassen, so tief in unserer (westlichen) Kultur eingepflanzt sei. Selten machen wir uns wirklich die Mühe, an alle zu denken und alle mitzunehmen, so Sharman. Besonders marginalisierte Individuen lernen Teile ihrer selbst oder ihrer Communities zurückzulassen, um Zugang zu Institutionen und Systemen zu finden, die nach Normen und Annahmen gestaltet wurden, in welche manche nie hineinpassen werden, egal ob als Klient*in, Studierende oder Lehrende. Das nicht nur ableistische Körperbild des *weißen* cis-hetero Mannes produziert zahlreiche Abweichungen, wertet Menschen ab und prägt, wie auf be_hinderte, dicke[9], Schwarze, queere Körper und Körper, die nicht den gängigen Schönheitsidealen entsprechen[10] geschaut wird. Diese Körper und Menschen werden in ihrer Menschlichkeit abgewertet, bekommen oft weniger gute Gesundheitsversorgung, weniger Empathie und weniger würdevolle Begegnungen auf Augenhöhe. Sie zurückzulassen, wird von breiten Teilen der Gesellschaft in Kauf genommen[11] (ebd. S. 46 f.).

Wie bereits angemerkt, besteht das Klientel der Sozialen Arbeit vor allem aus jenen marginalisierten Bevölkerungsgruppen, denen die Soziale Arbeit einen

[8] »Keine*r darf zurückgelassen werden«

[9] Dick ist eine selbstangeeignete, positive Selbstbezeichnung von Menschen, die wegen ihrer Körpermaße stigmatisiert werden. *Fatphobia* nennt man den Hass und die Abwertung, die dicke Menschen erleben.

[10] Was schön ist und was hässlich, ist subjektiv und doch stark geprägt von Schönheitsidealen, die in großen Teilen der Welt westlich geprägt sind. Menschen, die nach diesen Idealen weniger schön sind, wird beispielsweise weniger Kompetenz zugetraut und sie erscheinen uns weniger liebenswert. Sie erfahren mehr Hass, so Mosthari Hilal in ihrem Buch *Hässlichkeit* (2023).

[11] Barrieren im Stadtbild und andere Teilhabeschwierigkeiten fallen z. B. meist nur denjenigen auf, die dadurch eine Behinderung erleben.

Schutzraum bieten und sie im Kampf für Gerechtigkeit unterstützen sollte (Sagebiel & Pankofer 2015; Punz 2015, S. 63). Soziale Arbeit ist jedoch weder frei von der Reproduktion von Rassismen, Diskriminierung noch von problematischen, wenig reflektierten und missbrauchenden Umgangsweisen mit Macht (Sagebiel & Pankofer 2015, S. 13 ff.; Staub-Bernasconi 2011). Auch in (psycho-) therapeutischen Settings sieht es weitestgehend nicht viel besser aus. In dieser *weiß* dominierten Domäne machen rassifizierte Klient*innen oftmals dieselben Othering-, Gaslighting- und Exotisierungs-, kurz Rassismuserfahrungen, wie in der Dominanzgesellschaft und brechen Therapien daher oftmals ab oder werden gar nicht erst vorstellig (Yeboah 2017, S. 150). Dabei gilt die psychische Gesundheit von Menschen ›mit Migrationshintergrund‹ in Deutschland im Vergleich zu *weißen* Deutschen (ohne Migrationshintergrund) als stärker gefährdet, da sie besonderen gesundheitlichen, psychosozialen und ökonomischen Belastungen ausgesetzt sind (Yeboah 2017, S. 143; Schouler-Ocak et al. 2015, S. 1). Die Chance, eine gute Erfahrung in einem therapeutischen Setting zu machen, verringert sich, wenn eigene Diskriminierungserfahrungen auf Therapeut*innen stoßen, die noch keinen Umgang mit ihren Privilegien gefunden haben und zum Beispiel in Abwehr oder Gefühlen der Schuld und Scham[12] feststecken. Diskriminierungs- und Marginalisierungserfahrungen, stigmatisierte Normabweichungen oder spezifische ›Tabuthemen‹[13] bleiben im therapeutischen Setting so oftmals unbesprechbar und Transformation wird erschwert oder gar verunmöglicht. Dass marginalisierte und diskriminierte Personen trotz ihrer verstärkten Vulnerabilität Gesundheitsversorgungen vermindert in Anspruch nehmen, zeigt, wie wenig gesundheitliche Regelversorgungssysteme auf ihre Bedarfe eingehen, so Brunnett (2021, S. 558/562). Farah Saad (2022, S. 58–60) fordert deswegen einen Wandel in der bestehenden gesundheitlichen Regelversorgung, in dessen Folge gesundheitliche Ungleichheitsverhältnisse abgebaut und gesellschaftliche Strukturen verändert werden. Dafür sei eine Thematisierung von Diskriminierung und Rassismus in psychosozialen Ausbildungen und Berufen unabdingbar

---

[12] Abwehr, Scham und Schuld sind drei der Stufen aus dem Fünfphasenmodell eines rassismuskritischen Lernwegs (Ogette 2020, S. 28 f.).

[13] Ich meine hier zum Beispiel Erfahrungen aus queeren Communities. Nicht-monogam sein, nicht binär sein, trans*sein sind Identitätsmerkmale mit entsprechenden Erfahrungswelten, die Menschen aus Angst, dass sie im therapeutischen Setting dieselbe Zurückweisung zu erleben wie in der Gesellschaft, zurückhalten. In den Texten unterschiedlicher Autorinnen, werden Erfahrungen sichtbar, die von dem Gefühl, ›Nicht verstanden zu werden‹, von pathologisierendem Umgang durch Professionelle und Erfahrungen ›offener‹ Diskriminierung, berichten (Sharman 2021).

und weitere intersektionale Forschung in diesem Bereich sei von Nöten (Saad 2022, S. 51).

2.4 Unterdrückung und Macht

Europäische Glaubenssysteme, Werte und Maßstäbe prägen seit Jahrhunderten nicht nur europäische Gesellschaften, sondern durch die Kolonialisierung auch viele Gesellschaften weltweit. Die darin enthaltenen rassistischen, (hetero- und cis-)sexistischen, ableistischen und klassistischen Menschenbilder und Diskriminierungsvariationen bilden die Grundlage der herrschenden Macht- und Unterdrückungssysteme. Über Unterdrückung schreibt Donna Baines (2011, S. 2):

> »Oppression takes place when a person acts or a policy is enacted unjustly against an individual (or group) because of their affiliation to a specific group. This includes depriving people of a way to make a fair living, to participate in all aspects of social life, or to experience basic freedoms and human right.«[14]

Baines führt weiter aus, dass das Aufzwingen (ob mit ›friedlichen‹ oder gewaltsamen Mitteln) von Glaubenssystemen, Werten, Gesetzen und Lebensweisen Teil von Unterdrückung ist. Unterdrückung kann sich, wie in den obigen Beispielen, ›von außen‹ auswirken, oder auch internalisiert werden. Internalisierte Unterdrückung habe zur Folge, dass unterdrückte Gruppen glauben und so handeln, als ob das vorherrschende Glaubenssystem, die vorherrschenden Werte und vorherrschende Lebensweise die beste und ausschließliche Realität wären. Innere Unterdrückung beinhalte oft Selbsthass, Selbstzensur, Scham und die Verleugnung individueller und kultureller Realitäten, so Baines (2011, S. 2).

Über Macht und Machtlosigkeit schreibt Silvia Staub-Bernasconi (2014, S. 370): »Machtlosigkeit ist (…) kein Merkmal eines Individuums, das sich gar selbstbestimmt zu ermächtigen vermag« und führt fort, dass Macht als soziale Beziehung zwischen mindestens zwei Individuen verstanden werden muss. Diese Beziehung(en) sind über soziale Regeln geprägt und kreieren

---

[14] »Unterdrückung findet statt, wenn eine Person handelt oder eine Politik gegen eine Person (oder Gruppe) aufgrund ihrer Zugehörigkeit zu einer bestimmten Gruppe betrieben wird. Dazu gehört, dass Menschen die Möglichkeit vorenthalten wird, einen angemessenen Lebensunterhalt zu verdienen, an allen Aspekten des gesellschaftlichen Lebens teilzunehmen oder grundlegende Freiheiten und Menschenrechte wahrzunehmen.«

ein soziales Über- und Unterordnungs- bzw. Unterwerfungsverhältnis (Staub-Bernasconi 2014, S. 370). Vanessa Jackson bezieht sich auf David Heller, der Macht als das gewisse Maß an Kontrolle über die beeinflussbaren Kräfte, die das eigene Leben gestalten, beschreibt. Zudem seien die Fähigkeit auf andere, wie intendiert zu wirken und sowohl die eigene Person sowie Natur und andere Menschen zu beherrschen, Ausdruck von Macht (Heller 1985, S. 30, in Jackson 2017, S. 56). Nach Hopps, Pinderhughes und Shankar (1995, S. 2, in Jackson 2017, S. 56) sei ein Gefühl der Macht für die psychosoziale Gesundheit entscheidend. Da Machtlosigkeit schmerzhaft sei, strebten alle Menschen danach, auf irgendeine Weise ein Gefühl der Macht zu erlangen (ebd.). Teils würden gegen Gefühle der Machtlosigkeit Verhaltensweisen gewählt, die zumindest ein Gefühl der Macht vermitteln (ebd.). Andere Definitionen bringen mit dem Machtbegriff direkt Ungleichheit in Zusammenhang. So sei Macht in Anlehnung an Max Weber als eine Ressourcenungleichheit zu verstehen, die einer*m Akteur*in Vorteile in der Durchsetzung von (sozialen) Interessen gegenüber anderen bringt (Martín-Baró 1994, S. 61, in Jackson 2017, S. 56).

Nun mischen sich in den angeführten und sich größtenteils ergänzenden Verständnissen des Begriffs positive, negative und mehr oder weniger neutrale Konnotationen. Wenn man drei Arten von Macht unterscheidet – *Macht-über*, *Macht-aus-sich-heraus* und *Macht-mit* (Starhawk 1987, in Jackson 2017, S. 56) – kann dies zu einer klareren Orientierung und einem Verständnis führen, was eine bessere Differenzierung und Bewertung von Macht ermöglicht. In dieser Differenzierung kann zum Beispiel ein Kontinuum der Macht visualisiert werden, auf dessen einer Seite missbräuchliche beziehungsweise übergriffige oder unterdrückende Nutzungsweisen von Macht stehen. Diese beinhaltet auch die »abilty to withhold required resources«[15] (Starhawk 1987, in Jackson 2017, S. 56). In der Mitte befindet sich quasi ein ›neutraler‹ Machtgebrauch, der einen individuellen Machtbereich, unsere persönliche Kraft und die eigene(n) persönliche(n) Freiheit(en) umfasst und mit unseren Einstellungen, Überzeugungen und dem Selbstwert(gefühl) in Verbindung steht. Am anderen Ende bildet ein kollektiver Einsatz von Macht, in Form von vertrauensvoller Zusammenarbeit auf Augenhöhe, einen widerständigen Gegenpol zu dem unterdrückerischen Gebrauch der Macht. Professionelle in Systemen der psychosozialen Hilfe und Unterstützung haben durch ihre Position unter anderem eine *Macht-über*, mit der es einen verantwortungsvollen Umgang zu finden gilt, damit sich die Macht nicht negativ auf Hilfesuchende auswirkt.

[15] »die Fähigkeit, erforderliche Ressourcen zurückzuhalten«

Ausdrucksformen von Macht haben sich über die Jahrhunderte stetig verändert. Diese ›Fähigkeit‹ der Macht, sich immer wieder neue Wege des Ausdrucks zu suchen, zeigt Foucault anhand der historischen Entwicklung von Institutionen und Professionen[16]. Hanses (2007, S. 315) fasst Foucault zusammen und beschreibt, wie mit der Entwicklung der Psychiatrie eine Optimierung von Kontrolle einhergegangen ist, welche die brutale Ausgrenzung und massive körperliche Gewalt an dem ›Wahnsinn‹ zu Zeiten der Asyle, Kerker und Verließe größtenteils ablöste. Körperliche, ›äußere‹ Gewalt veränderte sich in ein sich subtil organisierendes Prinzip der Selbstkontrolle (ebd.). Foucault bespricht die historische Entwicklung der Institutionen auch als Entstehung von Machtzentren, die Diskurse über Normalität, Gesundheit/Krankheit und ›Wahnsinn‹ dominieren. Macht und Beherrschung finden heute andere Ausprägungen, als in den vergangenen Jahrhunderten (Foucault in Hanses 2007, S. 317 ff.). Auf der Suche nach Antworten auf die Frage, inwieweit Macht und Unterdrückung in Systemen psychosozialer Gesundheitsversorgung thematisiert werden, betrachte ich im Folgenden die Soziale Arbeit und die Psychotherapie als Felder dieser Versorgungssysteme.

2.4.1 Macht und Ohnmacht in der Sozialen Arbeit

Obgleich die Soziale Arbeit unter anderem Diskriminierung in der Gesellschaft bekämpfen will und soll, ist auch diese an der Reproduktion sozialer Ungleichheit beteiligt und stützt damit bestehende Macht- und Unterdrückungsverhältnisse (Punz 2015, S. 63). Ungleich mehr Inobhutnahmen von Kindern aus rassifizierten Familien, mit teils undurchsichtigen Begründungen, im Vergleich zu *weißen* Familien sind ein Beispiel hierfür (Winter 2023). Intersektional diskriminierte und marginalisierte Menschen machen den Großteil des Klientels Sozialer Arbeit aus (Staub-Bernasconi 2014, S. 369). Die meist fehlende Thematisierung von Macht(-strukturen) in dem Bereich der Sozialen Arbeit wird bereits von einigen zu dieser Thematik Forschenden und Arbeitenden problematisiert. Würde Macht doch einmal thematisiert, werde eher die Unmacht der Sozialen Arbeit gegenüber anderen Professionen und die Ohnmachtsgefühle der Sozialarbeiter*innen fokussiert, so Juliane Sagebiel und Sabine Pankofer (2015, S. 13). Wie viele andere beschreibt Andreas Hanses (2007, S. 312) die relativ machtlose Stellung

---

[16] Über die Bedeutung von Wissen und Macht im Kontext von sich etablierenden Professionen schreibt Foucault in seinen Studien zur Entwicklung der Psychiatrie (Wahnsinn und Gesellschaft 1981), der Klinik (Die Geburt der Klinik 1976) und des Gefängnisses (Überwachen und Strafen 1977).

der Sozialen Arbeit, die besonders in interdisziplinären Arbeitsfeldern, zum Beispiel in der Schule oder im gesundheitlichen Feld, sichtbar wird. Erfahrungen aus der Praxis zeigen, dass die Soziale Arbeit im Verhältnis zu anderen Professionen in der biopsychosozialen Gesundheitsversorgung und Bildung nicht gleichgesetzt ist und »keine ebenbürtige Definitionsmacht und Handlungsautonomie« besitzt (ebd.). Daher wird oftmals zunehmende Professionalisierung gefordert, um damit mehr Definitionsmacht und Handlungsautonomie zu erreichen und sich folglich besser neben anderen Disziplinen behaupten zu können.

Hanses (2007, S. 309) warnt unter Hinzunahme von Foucaults Machtanalysen allerdings: »Jede Professionstheorie, die die Analysen Michel Foucaults gänzlich außer Acht lässt, [droht] durch den Ausschluss spezifischer machttheoretischer Optionen, Professionskonzepte zu Akten der gut gemeinten Hilfe zu reduzieren«. Nach Foucault, so Hanses (2007, S. 317 ff.), gehen Professionalisierungs- und Institutionalisierungsprozesse auch immer mit einer Konzentrierung von Macht einher, die sich zum Beispiel in der Dominanz über bestimmte Diskurse und der Festlegung von Normen zeigt. Um Systeme psychosozialer Gesundheit für alle gerechter zu machen, kann eine einfache Forderung nach ›Professionalisierung‹ also nicht ausreichen. Diese oft lautwerdende Forderung läuft ohne eingängige Machtanalyse Gefahr, in erster Linie die Anerkennung von anderen Professionen anzustreben und die Bedarfe der Klientel der Sozialer Arbeit aus dem Blick zu verlieren.

Historisch kann auch in Bezug auf die Soziale Arbeit eine Geschichte der Herrschaft, des Paternalismus und der Verwobenheit mit dem Kolonialismus nachgezeichnet werden (Castro Varela 2023). Die Soziale Arbeit in Europa entstand als Reaktion auf die von Industrialisierung und Urbanisierung ausgelöste Verarmung im 19. Jahrhundert. Neue Dimensionen von Armut, Wohnungslosigkeit und Seuchen waren zunächst vor allem für reichere Frauen der Auslöser, etwas für ›die Armen‹ tun zu wollten. Es ging dabei nicht um die Veränderung von Strukturen (zum Beispiel der Klassengesellschaft). Zeitgleich hatte der Kolonialismus einen seiner Höhepunkte. Das humanistische Menschenbild führte in Europa zum Auf- und Ausbau Sozialer Institutionen. Wie über die Armen Europas und über die kolonialisierten Menschen gesprochen wurde, so Castro Varela (2023), war in dieser Zeit sehr ähnlich: paternalistisch, stigmatisierend und diskriminierend. Den ›Armen‹ und den ›Wilden‹, die als etwas ›weniger Mensch‹ galten, sollte ›geholfen‹ werden. In den deutschen *Kolonialen Frauenschulen* (1908–1945) wurden Frauen darauf vorbereitet, in den Kolonien zu ›helfen‹. Für die curriculare Verankerung von kritischen Machttheorien und -analysen sprechen sich unter anderem Sagebiel & Pankofer (2015) sowie Staub-Bernasconi (2011) aus.

Kivel (2017) beschreibt den Ist-Zustand der Sozialen Arbeit vorrangig als einen *social service* (Soziale Dienstleistung) der kaum noch fähig ist, *social change* (Soziale Transformation) zu bewirken, weil er in das hegemoniale, kapitalistische System so eingebunden ist, dass seine Rechenschaftspflicht vor allem Geldgebenden und weniger Klient*innen gegenüber erfüllt wird. Es gibt einige Vorschläge, und Veröffentlichungen, die sich für Diskriminierungskritik in der Sozialen Arbeit einsetzen. Eva Fleischer und Frederike Lorenz (2012) plädieren für den Anti-Bias Ansatz in der Sozialen Arbeit und zitieren Rudolf Leiprecht (2011, S. 19), welcher die kritische Auseinandersetzung mit Diskriminierung als notwendigen zentralen Teil der Sozialen Arbeit benennt. Leiprecht beschreibt die Idee einer »Diversitätsbewussten Sozialen Arbeit« als Versuch, mehr soziale Gerechtigkeit zu erringen und parallel dazu Individuen in akut belastenden Lebenslagen unterstützen zu können (Fleischer & Lorenz 2012, S. 1 f.).

Auch Silvia Staub-Bernasconi (2011, S. 369) nennt antidiskriminierende Arbeit als zentrale Handlungstheorie der Sozialen Arbeit und plädiert dafür, das *doppelte Mandat* in ein *Tripelmandat* zu erweitern. Das doppelte Mandat beschreibt die Gleichzeitigkeit und das Spannungsfeld von einer Orientierung an dem Wohl und der Realität der Klient*innen auf der einen Seite und der Erfüllung des staatlichen Auftrags auf der anderen. Kurzgefasst wird auch von ›Hilfe und Kontrolle‹ gesprochen. Das dritte, von Staub-Bernasconi (ebd.) vorgeschlagene Mandat, sollte dann die Menschenrechte[17] und soziale Gerechtigkeit stärker fokussieren und auch einen bewussteren Umgang mit Machtquellen und -strukturen berücksichtigen.

2.4.2 Macht und Ohnmacht in (Psycho-)Therapie und Psychiatrie

Institutionen wie die Psychiatrie aber auch Diagnose- und Rechtssysteme sowie Einrichtungen der Gesundheitsforschung haben eine lange Geschichte der Gewalt und Unterdrückung. Die Geschichte der Psychiatrie hat ihren Anfang in brutalen Praktiken der Einkerkerungen, ›Züchtigungen‹ und Experimente an Menschen im Namen der Wissenschaft. Luderer (1999) beginnt die Geschichte der Psychiatrie im Altertum (ca. 30 n.Chr.), fährt mit der Anstaltspsychiatrie Ende des 18. bis Ende des 19. Jahrhunderts fort und beschreibt schließlich die Psychiatrie seit dem Ende des 19. Jahrhunderts. Anhand dieser Geschichte(n) der Entstehung der

[17] Eine postkoloniale Kritik an den Menschenrechten kann bei María do Mar Castro Varela und Nikita Dhawan (2020) nachgelesen werden.

Psychiatrie lässt sich feststellen, dass sich die Definition dessen, was als Norm der menschlichen Psyche und des Verhaltens und was als Abweichung gilt, sehr verändert hat. Seit Beginn erleben die von der Norm Abweichenden strukturelle Ausschlüsse, Unterdrückung, Vernachlässigung und nicht zuletzt Ermordung.

Im 19. Jahrhundert hat die eurozentrische und (cis-)männlich dominierte Wissenschaft zahlreiche Diagnosen psychischer Krankheiten konstruiert. Dabei wurden einige Diagnosen, die heute als ›Pseudodiagnosen‹ dechiffriert werden ›für‹ unterdrückte Gruppen der Gesellschaft entwickelt. So war *Drapetomanie* zum Beispiel die Diagnose die Cartwright 1851 als den »Drang« von Versklavten aus der Gefangenschaft zu fliehen, beschrieb. Als ›Behandlungsmethode‹ wurde körperliche Gewalt empfohlen (Cartwright 1851). Die bereits in der Antike entstandene Modediagnose der *Hysterie* erklärte überdies um die Wende zum 20. Jahrhundert zahlreiche Frauen als unmündig und hielt sie in Psychiatrien fest, wo sie menschenverachtende, gewaltvolle ›Therapiemethoden‹ über sich ergehen lassen mussten (Schmersahl 1998). Im deutschen Nationalsozialismus arbeiteten Wissenschaft, Institutionen der Pflege und Gesundheit und Politik bei der Vernichtung be_hinderter Menschen, ›psychisch Kranker‹ und sogenannter ›asozialer‹ Menschen eng zusammen. Diese Menschen zählen auch zur NS-Opfergruppe der ›Euthanasie‹-Morde und der Zwangssterilisationen, die bis heute als solche nicht offiziell anerkannt ist. Euthanasie bedeutet ›schöner Tod‹ und wird auch heute im Sinne von Sterbebegleitung verwendet. Dies ist in manchen Ländern gängiger, als in anderen und wird von Aktivist*innen an den Stellen stark kritisiert, wo direkter Bezug zu den ableistischen und sanistischen[18] Praktiken des NS-Regimes besteht. Homosexualität galt bei der WHO bis 1990 als krank und Trans*sein wurde erst 2022 entpathologisiert[19] (Rauchfleisch 2018).

Einige deutschsprachige Veröffentlichungen zu Macht in der (Psycho-) Therapie betrachten auch das Verhältnis zwischen Therapeut*in und Klient*in.

---

[18] Sanismus beschreibt die systemische Abwertung und Diskriminierung von Menschen die als ›psychisch‹ krank wahrgenommen werden oder als solches diagnostiziert wurden (Poole et. al. 2012, S. 2). Sanismus wirkt wie auch andere Diskriminierungsformen strukturell, institutionell und individuell und bringt Stigmatisierungen, Abwertung, Benachteiligung und Ausgrenzung mit sich.

[19] Es wird noch Zeit und Kämpfe brauchen, bis sich diese Entpathologisierung auch in den Rechten von Trans*Menschen niederschlägt und ihre gleichberechtigte Existenz nicht mehr hinterfragt wird (Rauchfleisch 2018). Zudem sind die Errungenschaften der letzten Jahre schon heute wieder durch rechte, populistische und menschenfeindliche Individuen und Gruppen stark gefährdet.

Positioniertheiten werden hier als Teil von Macht- und Unterdrückungsverhältnissen jedoch nicht mitbesprochen, geschweige denn dekonstruiert (Schmidt-Lellek & Heimannberg 1995; Kanzow 2009; Wirth 2007). Ein seltenes deutschsprachiges Beispiel der kritischen und expliziten Thematisierung von Macht und Diskriminierung findet sich in einer Veröffentlichung aus der systemischen Therapie in dem Buch *Das hat ja was mit mir zu tun!? Macht- und rassismuskritische Perspektiven für Beratung, Therapie und Supervision* (Gold/Weinberg/Rohr 2022). Die Systemische Therapie ist prädestiniert für eine Integration machtkritischer Perspektiven, da soziale Systeme – meist vor allem das erweiterte Familiensystem – bei der Entstehung und Heilung von psychosozialen Herausforderungen und Krisen grundsätzlich mitgedacht werden (ebd., S. 12 f.).

Diplom-Pädagogin Inga Oberzaucher-Tölke nimmt psychotherapeutische Ansätze kritisch unter die Lupe, die spezifische Behandlungskonzepte für rassifizierte Menschen zu entwickeln versuchen. Sie deckt den Prozess der Konstruktion der ›kulturell anderen Patient*in‹, wie er zum Beispiel in der inter-und transkulturelle Psychotherapie[20] geschieht, auf und problematisiert die vielseitigen Rassismus reproduzierenden Otheringprozesse und Pathologisierungstendenzen (ebd. 2014, S. 91 ff.). Therapie könnte ein Mittel sein, um in der Gesellschaft vorkommende Ungerechtigkeiten mit Klient*innen zu thematisieren und zu bearbeiten. Wenn Therapeut*innen diese Themen jedoch nicht ernst nehmen und damit die Lebensrealität ihrer Klient*innen ignorieren, wiederholen sie letztlich (wenn vielleicht auch unbeabsichtigt) bestehende Ungerechtigkeiten, erhalten diese aufrecht und fördern sie sogar (Waldegrave et. al. 2003 in Jackson 2017, S. 57).

Diskurse zu Gesundheit, die in Sozialer Arbeit und (Psycho-)Therapie zentral sind, werden vor allem von etablierten Institutionen und Professionen und deren Klassifizierungssystemen dominiert. Die Kategorien des in Deutschland genutzten Klassifizierungssystems ICD-10[21] orientieren sich am *Diagnostic and Statistical Manual of Mental Disorders* (DSM) aus den USA und haben für die psychiatrische und psychotherapeutische Diagnostik global einen vorherrschenden Status erlangt (Levold 2021). Tom Levold (ebd.) problematisiert, dass auch Therapieschulen, wie die systemische Therapie, deren Problemverständnis

---

[20] »Transkulturelle Psychiatrie – Interkulturelle Psychotherapie« – so lautet das von Wohlfart, Zaumseil (2006) herausgegebene Buch, in welchem mehrere Autor*innen über die ›kulturell Anderen‹ schreiben.

[21] Aktuell arbeiten Ärzt*innen in Deutschland mit der ICD-10-GM (German Modifikation). Seit Januar 2022 ist die neue Version ICD-11 in Kraft getreten. Für eine Übergangsfrist von 5 Jahren sind beide Versionen verwendbar. Bis die ICD-11 in Deutschland eingeführt ist, wird weiter nach ICD-10 verschlüsselt (Mocker 2022; gesund.bund 2023).

genannten Klassifizierungssystemen eigentlich widerspreche, diese nutzen müssen, wenn sie über eine Kassenfinanzierung breit zugänglich sein wollen, denn kassenfinanzierte Leistungen erfordern eine Diagnose nach dem ICD-10. Er zeigt, wie sich die Hegemonie des DSM historisch entwickelt hat und durch Individualisierung, Dekontextualisierung und Medikalisierung psychosozialer Problemlagen gekennzeichnet ist (ebd.). Die Entwicklung solcher Systeme wiederum sind eng mit der Pharmaindustrie verbunden, die von Aktivist*innen aufgrund einiger Skandale[22] seit langem kritisiert wird. In der durch die Dominanz des biomedizinischen Gesundheitsmodells ohnehin sehr machtvollen Industrie, arbeiten Pharmaziehersteller*innen, Entscheidungstragende der Klassifizierungssysteme und Forscher*innen oft eng zusammen[23]. Dabei bestehen oft eigene kapitalistische Logiken und Machtdynamiken, die nicht unbedingt an den Bedarfen von Klient*innen orientiert sind. Die Fusion einiger Pharmaziehersteller mit Agrarkonzernen gibt Aktivist*innen Grund zur Besorgnis und wird da kritisiert, wo ein verantwortungsvoller Umgang mit der Gesundheit von Mensch und Natur ausbleibt[24].

Ein Beispiel, was die durch Machtmissbrauch gekennzeichnete Verknüpfung von Pharmazieherstellern und Agrarkonzernen und die problematische Verkürzung von Gesundheit auf das biomedizinische Verständnis erläutert, findet sich in dem Beitrag von China Mills (2022). Sie zeigt die enge Verbundenheit von Suiziden indischer Bauern und der aggressiven Politik von Agrarkonzernen in Indien. Dieselbe Firma, welche Landwirt*innen von hybridem Saatgut[25] abhängig macht, unterstützt unter dem Label der ›Global Mental Health‹ gleichzeitig Programme, die von sich behaupten, psychische Gesundheit in Indien und Ländern des globalen Südens zu fördern. Diese Programme setzten sich zum Ziel, das

[22] Opioid Abhängigkeit in den USA ist nur ein Beispiel von vielen. Weitere Skandale gab es um die Pharmazeutika Contagan, Lipobay, Heroin und Menocil. Pharmaziehersteller haben hier mit ihrer Lobbyarbeit viele Tote und Abhängige in Kauf genommen.

[23] Ein Großteil der Mitglieder der DSM Kommission wurde finanziell von den Arzneimittelherstellern unterstützt, so Voos (2014, S. 8). Diese wiederum profitieren von den Neuerungen des DSM5. Forscher*innen und Entscheidungstragende für das DSM-5 haben eng mit der Pharmaindustrie zusammengearbeitet. Im DSM-5 (seit 2013) gibt es einen deutlichen Schwerpunkt auf die Pharmakotherapie, also der Behandlung psychischer Erkrankungen mit Medikamenten (ebd.). Ich grenze mich von Kritiken an der Pharmaindustrie ab, die nicht selten in Verbindung mit Verschwörungsmythen laut wird. Es lassen sich jedoch zahlreiche Belege von verantwortungslosem Handeln von pharmazeutischen Konzernen finden.

[24] Zum Beispiel bei Vandana Shiva (2018) über die Fusion von Monsanto und Bayer.

[25] Hybrides Saatgut sind Samen, aus denen Pflanzen wachsen, die selbst kein gutes Saatgut produzieren.

Bewusstsein für psychische Gesundheit in Länder zu bringen, denen zugschrieben wird, dass sie hierzu selbst kein Wissen haben. Die Programme arbeiten mit dem biomedizinischen Gesundheitsmodell und haben nicht zuletzt den Verkauf von Psychopharmaka zum Ziel, so Mills (2022, 34:20–36:50). Sie zeigt, dass die Landwirt*innen ihr zunehmendes Leid eigentlich auf die Politik der Agrarkonzerne mit ihren perfiden Strategien[26] zurückführen. Tausende Suizide sind jährlich Folge der Ausbeutung durch westliche, kapitalistische Agrarkonzerne, die Raubbau an Mensch und Natur verüben. Innerhalb von fünf Jahren haben sich 40.000 indische Bauern das Leben genommen, so Britta Petersen (2007). Die eurozentrischen Heilungsansätze wären hier gar nicht erst nötig, wenn die Agrarkonzerne zurückgedrängt würden und Betroffenen zugehört würde. Es zeigt sich hier sehr drastisch, wie eine fehlgeleitete Agrarpolitik, welche Arten des Anbaus unterdrückt, die Natur und Mensch respektieren, zu weitreichenden psychosozialen Problemlagen bis zum Suizid von Betroffenen führen kann.

2.4.3 Epistemische Gewalt und Individualisierung in Professionen und Institutionen

Professionen beanspruchen für sich, ein ›mehr‹ an Wissen zu haben. Wesentliches Merkmal ›professionellen Wissens‹ ist jedoch, dass es in professioneller Praxis und institutionalisierten Routinen hervorgebracht wird und einer spezifischen Logik folgt, die nicht unbedingt an die tatsächlichen Bedarfe der Nutzer*innen angepasst sein muss (Hanses 2007, S. 314 f.). Therapie ist demnach nicht allein die oft proklamierte »gute Hilfe« (ebd., S. 314), sondern auch ein Vorgang, der Menschen mit normabweichenden Bedürfnissen und Sinnorientierungen an die Strukturen der normierten Alltagswelt zurückbinden soll (Berger & Luckmann 1999, S. 120 f., in Hanses 2007, S. 314 f.). Hanses beschreibt einen Formwandel der durch diese Institutionen ausgeführten Gewalt, der sich zwar auch durch den Versuch einer Verbesserung von Hilfe, und gleichzeitig aber durch einen »sich optimierenden Zugriff (…) von Herrschaftspraxen (…), deren Kontrollmechanismen immer subtiler werden oder gar dem Individuum überantwortet werden« kennzeichnet (Hanses 2007, S. 315). Die Machtausweitung, die mit einer Professionalisierung einhergeht, müsse kritischer betrachtet werden, da sie nicht unbedingt im Sinne der Klient*innen agiere (ebd., S. 317).

[26] Zu Monsanto's Strategien kann im Artikel *Ein Gentechnik-Gigant kontrolliert die Landwirtschaft* nachgelesen werden (Greenpeace 2005).

Professionelle Praxis setzt durch die Dominanz in Diskursen Wirklichkeit und verfügt damit über Macht (ebd., S. 315). In Diskursen zu Gesundheit und Krankheit haben Gesundheitsinstitutionen und Professionelle aus Medizin und Psychologie viel Wissen in Praxis und Theorie aber auch die ›lautere Stimme‹, der mehr Gehör und Glauben geschenkt wird. Sie ›stellen fest‹ und produzieren Gesundheitsnormen. Abweichungen davon gelten als behandlungsbedürftig oder ›unnormal‹. Es bilden sich dominante Epistemologien (Erkenntnislehren/-theorien), die in Bezug auf Psychiatriebetroffene stetig verhindern, dass letztere als Erzeuger*innen und Besitzer*innen ihres eigenen Wissens anerkannt werden (Beresford & Boxall 2013). Psychiatrisches Wissen basiert auf den Wissensansprüchen von Professionellen über die Erfahrungen der sogenannten ›Verrückten‹ oder Psychiatrie-Betroffenen/-überlebenden[27] und schließt deren eigene Interpretationen aus oder wertet diese ab (ebd.).

Epistemische Gewalt funktioniert nach Miranda Fricker *hermeneutisch* und *testimonisch.* Es wird manchen Menschen im Sinne der *hermeneutischen Ungerechtigkeit* nicht zugetraut, dass sie überhaupt Wissen produzieren können. Ihre Lebenserfahrung- und Realität wird in dominanten Wissensdiskursen einer Gesellschaft nicht abgebildet und ihre Wissensquellen werden durch unterschiedliche Mechanismen disqualifiziert und strukturell unterdrückt. Und im Sinne der *Zeugnisungerechtigkeit* wird ihnen eine geringere Glaubwürdigkeit zugebilligt. Epistemische Gewalt erkennt manchen Menschen also ab, dass sie wissen, was gut für sie ist und es wird ihnen nicht oder weniger vertraut und geglaubt, dass sie die Wahrheit sagen (Fricker 2023, S. 23 f.). Betroffene werden entmündigt, indem fachlich qualifizierte Expert*innen oder auch Professionelle ihnen die Interpretationsautonomie nehmen (Foucault in Hanses 2007, S. 316).

Der medizinisch-rechtliche Diskurs über Gesetze, die Menschen mit ›psychischen Erkrankungen‹ betreffen, negiert und verhindert, dass die Wissensbestände von Betroffenen bestehende Systeme und Strukturen verändern. Betroffene Menschen mit psychosozialen Beeinträchtigungen oder ›psychischen Erkrankungen‹ werden als weniger geschäfts- und einsichtsfähig konstruiert und so entmenschlicht (Beaupert 2018). Das Feld der *Mad Studies* wurzelt in den Bewegungen Psychiatriebetroffener/-überlebender Menschen und ist auch weiterhin mit diesen

[27] In den politischen Bewegungen von Psychiatriebetroffenen sind »in Opposition zu den von der Psychiatrie verwendeten Begriffen« mehrere Selbstbezeichnungen entstanden. Selbstbeschreibungen sind: »KonsumentInnen (consumers), NutzerInnen (von Einrichtungen), Überlebende der Psychiatrie, Psychiatrie-Überlebende, KlientInnen, Psychiatrie-Opfer, Ex-NutzerInnen, Ex-PatientInnen, Ex-InsassInnen, Verrückte, Irre. Die gebräuchlichsten Begriffe im Deutschen sind Psychiatrie-Betroffene und Psychiatrie-Erfahrene, die häufig synonym verwendet werden.« (Hölling 2001, S. 256).

verbunden (Cranford & LeFrançois 2022, S. 72). Hier findet sich eine breite Kritik, auch abolitionistischer[28] Natur an traditionell eurozentrischen, psychosozialen Gesundheitssystemen. Den gesellschaftlich ihnen zugewiesenen Platz zurückweisend, produzieren in den *Mad Studies* Psychiatrieüberlebende/-betroffene Wissen kollektiv selbst und werfen einen analytischen Blick ›zurück‹ auf die sich als ›normal‹ konstruierende Gesellschaft. Epistemische Gewalt betrifft alle von Diskriminierung betroffenen Individuen und Communities und wird seit langem als gewaltvolle Erfahrung beschrieben. Mit der Frage »Ain't I a Woman?« thematisierte Sojourner Truth 1851 die epistemische Gewalt, die sie in der *weiß* dominierten Frauenbewegung als Schwarze Frau erfuhr. Sie gilt mit ihrem Lebenswerk und diesem Satz als wichtige Stimme für intersektionale Verständnisse von Diskriminierung. Gegenüber Menschen, die psychiatrisiert werden oder sanistisch markiert sind, zeigt sich die Härte epistemischer Gewalt bis heute besonders deutlich.

Betroffenenwissen zu zentrieren wäre in Praxis und Forschung ein wichtiger Veränderungsbedarf. Ein emanzipatorisches Forschungs- Paradigma müsste kollektive Wissensbestände Betroffener, in Betroffenen- und oder community-kontrollierte Forschung, als der Lebensrealität derselbigen am nächsten, und somit am hilfreichsten anerkennen (Beresford 2012, S. 12 ff.). Sie dürfte sich nicht mit der Beteiligung weniger Betroffener an dem Ausbau hegemonialer Wissensarchive und Diskurse zufrieden geben (ebd.). Beresford schlägt hierzu folgende These als Grundlage eines neuen Paradigmas vor:

> »Je kürzer die Distanz zwischen direkter Erfahrung und ihrer Auslegung (wie z. B. möglich durch Beteiligung Betroffener an der Forschung und insbesondere durch betroffenenkontrollierte Forschung), desto wahrscheinlicher, dass das sich daraus ergebende Wissen weniger verzerrt, ungenau und schädlich ist.« (Beresford 2003 in Beresford 2012, S. 12)

Diese steht entgegen der dominanten These, welche Betroffenen abspricht, rational denken und agieren zu können, da sie ›zu betroffen‹ seien.

Tendenzen der Individualisierung von Problemlagen entlassen Machthabende, Entscheidungstragende und Praktiker*innen aus ihrer Verantwortung, die sie insbesondere Unterstützungssuchenden und Klient*innen gegenüber haben (Foucault

---

[28] Abolitionismus stammt vom englischen Wort *abolish* ab, was so viel wie ›abschaffen‹ bedeutet. Abolitionist*innen glauben nicht an die Reformierbarkeit von Systemen der (Gewalt-)Herrschaft und fordern (mit unterschiedlichen Konzepten) eine schrittweise Entmachtung der Institutionen, die Unterdrückung aufrechterhalten (z. B. Gefängnisse und Polizei). Mehr dazu in Kapitel 5.

in Hanses 2007, S. 316). Konkret heißt das, dass wenn strukturelle Ungerechtigkeit und Gewalt von Institutionen und Professionellen nicht adressiert werden, letztlich Individuen für die Gewalt, die sie erfahren, verantwortlich gemacht werden. Gesamtgesellschaftliches Versagen wird so auf die Individuen verschoben, die ohnehin am meisten unter strukturellen Missständen leiden. Die Fokussierung auf individuelle Verletzungen und Symptomatiken ohne gleichzeitige Anerkennung der ständig viktimisierenden sozialen, wirtschaftlichen und politischen Kräfte, kann zu einem Zustand beitragen, der Individuen mit Gefühlen der Ohnmacht zurücklässt, so Vanessa Jackson (2017, S. 58).

Hanses beschreibt, wie das Individuum durch professionelle Systeme in den Humanwissenschaften als ›Fall‹ mit Eigenschaften, Merkmalen und Sozialverhalten konstruiert wurde. Das Individuum in seiner Singularität zu konstituieren bedeutet, dieses als unabhängig von Gesellschaft herzustellen und habe den Vorteil, dass Praxen der Macht leichter aufrechterhalten werden können, so Hanses (2007, S. 315). Er zitiert Foucault, der in *Analytik der Macht* (2005) schreibt, dass eben diese Techniken der Individualisierung die Funktion haben, die Kraft und Gewalt, die von Gruppen ausgehen kann, zu neutralisieren. Denn das Erkennen der Verbundenheit in Befreiungskämpfen sei es, was ›die Macht‹ am meisten fürchtet (Foucault 2005a, S. 72, in Hanses 2007, S. 316). In diesen Dynamiken der Individualisierung und Vereinzelung, zum Zweck eines erleichterten Machtzugriffs, kann auch das ›teile und herrsche‹-Prinzip wiedererkannt werden.

Hanses fragt vor dem Hintergrund dieser Analyse kritisch nach Chancen und Gefahren einer Professionalisierung in der Sozialen Arbeit. Wenn Professionelle ihre Position als eine (relative) Machtposition anerkennen, können hier auch Wissen und Praxen des *Powersharing* angewandt werden. Er thematisiert, wie auch Staub-Bernasconi (2014), die Notwendigkeit einer kritischen Selbstbetrachtung der Sozialen Arbeit in Bezug auf Praxen der Macht (ebd., S. 316).

Ein Beispiel für Prozesse der Individualisierung in dominanten psychosozialen Systemen der Hilfe und Unterstützung kann anhand der Entwicklung von Frauenhäusern gezeigt werden. Die Frauenbewegung der siebziger Jahre erkämpfte häusliche Gewalt gegen Frauen als legitimes politisches Thema, was nach großen Anstrengungen von Aktivist*innen auch in der männlich dominierten Öffentlichkeit Beachtung fand. Schließlich wurden auch finanzielle Mittel, zunächst von einzelnen städtischen Gemeinden, für die Häuser bereitgestellt (Fraser 1994, S. 272). »Aus feministischer Perspektive stellte dies einen bedeutenden Sieg dar, aber er hatte seinen Preis« (Fraser 1994, S. 273). Eine Professionalisierung war nun erforderlich, die mit administrativen Zwängen einherging. Die Belegschaft, die vormalig aus betroffenen Frauen bestand, wurde nun zunehmend aus professionellen Sozialarbeiter*innen gebildet, »von denen die meisten selbst keine Mißhandlung erlebt hatten«, so Fraser (1994, S. 273). Das vorher fließende Kontinuum der Beziehungen zwischen Belegschaft und Unterstützungssuchenden wurde nun durch eine Teilung in Professionelle und Klient*innen abgelöst. Eine »quasi-psychiatrische Perspektive« (ebd., S. 273) der Sozialarbeiter*innen auf die Hilfesuchenden begünstigte individualisierende Praktiken. Frauen, nun als ›Klient*innen‹ betrachtet, wurden zunehmend eher »als Opfer mit einem tiefen, komplizierten Selbst angesprochen, als potentielle feministische Aktivistinnen [hingegen] nur selten. In zunehmendem Maße hat das Sprachspiel der Therapie dasjenige der Bewusstseinsbildung ersetzt« (ebd., S. 273). Dieses Beispiel beschreibt Prozesse der *Kooptation*[29] von Bewegungen und der damit einhergehenden Entpolitisierung und Individualisierung von strukturellen Problemen.

Da ich nicht Teil der Community Psychiatrie erfahrener Menschen bin, will ich an dieser Stelle darauf verweisen, dass ich hier nur einem Ausschnitt von Erfahrungen gerecht werde, die Menschen in Psychiatrien gemacht haben[30]. Und gerade dieser Ausschnitt- die Arbeit von Betroffenenbewegungen, welche das dominierende System grundlegend kritisieren – wird von der Dominanzgesellschaft allzu selten beachtet[31]. In dem ich vor allem diese Perspektiven aufzeige, will ich nicht diejenigen unsichtbar machen, für die bestehende dominante Systeme psychosozialer Hilfe- und Unterstützung wichtig und hilfreich sind oder waren. Diese Stimmen werden meiner Einschätzung nach bereits gehört und werden von Nicht-Betroffenen bereits verstärkt.

2.4.4 Macht und die Rolle psychosozialer Hilfe- und Unterstützungssysteme in der Gesellschaft

The revolution will not go better with Coke
The revolution will not fight germs that may cause bad breath
The revolution will put you in the driver's seat
The revolution will not be televised
(…)
The revolution will be live

[29] *Kooptation* bedeutet ›Vereinnahmung‹ und wird in Kapitel 5 noch einmal genauer erklärt.

[30] Einige mir nahe Menschen haben in Psychiatrien mit alternativen Konzepten, gute Erfahrungen gemacht. Andere haben in herkömmlichen Kliniken und mit herkömmlichen Psychopharmaka Vergaben schlechte und sehr gewaltvolle Erfahrungen gemacht.

[31] In meinem Bachelor-Studium habe ich nicht von den Mad Studies, dem Sanismus-Begriff, epistemischer Gewalt, der Antipsychiatrie-Bewegung oder Psychiatriekritik gehört.

The revolution will not be televised (1971)
–Gil Scott-Heron

Paul Kivel – Pädagoge, Aktivist und amerikanisch-jüdischer Schriftsteller – ist Mitbegründer des Oakland Men's Projects (seit 1978), einem kommunalen Bildungszentrum, welches sich präventiv darauf konzentriert, ›männliche‹ Gewalt zu verringern. In seinem Text *Social service or social Change* (2017), fragt er danach, ob ›Soziale Dienstleistung‹[32] und die Arbeit für soziale Transformation zugleich erbracht werden können, oder ob soziale Dienstleistungen soziale Ungleichheit aufrecht erhalten oder sogar verstärken. Der Titel des Buches nimmt Bezug zu vorangestelltem Liedtext Gil Scott-Heron's und gibt Hinweis darauf, dass die Autor*innen sich tiefgreifende Transformation nicht von den etablierten und kapitalmächtigen Systemen erhoffen.

Kivel eröffnet eine kritische Betrachtung der Rolle psychosozialer Hilfe- und Unterstützungssysteme in der Gesellschaft. Er zeigt zunächst auf, wie ungleich Kapital und damit Macht in der Gesellschaft verteilt sind. So kontrolliert in der US-amerikanischen Wirtschaftspyramide[33] ein Prozent der Bevölkerung etwa 47 Prozent des finanziellen Nettovermögens, die nächsten 19 Prozent weitere 44 Prozent. Damit verbleiben 80 Prozent der Bevölkerung mit nur 9 Prozent des Vermögens. Anschließend beschreibt Kivel die Rolle von Sozialer Arbeit in einem derart ungleichen System als kontrollierendes Arbeitsfeld in der ›Pufferzone‹ (*bufferzone*), welche die unteren Klassen (80 Prozent der Bevölkerung) von den oberen Klassen trennt (Kivel 2017, S. 130). Mitglieder der oberen und reichsten Klasse haben kein Interesse, dass sich die Menschen am unteren Ende der Pyramide organisieren, empowern und zusammen für eine gerechtere Verteilung einstehen, so Kivel. Sie versuchten daher, die Macht, Kontrolle und vor allem den Reichtum, den sie durch die kapitalistische Wirtschaftsweise angehäuft haben, zu erhalten.

---

[32] Ich reihe die Systeme psychosozialer Gesundheitsversorgung hier in das von ihm beschriebene Feld der sozialen Dienstleistungen ein, da die Bandbreite von Berufen die er nennt, ähnlich ist (Kivel 2017, S. 134). Therapeutische Berufe nennt Kivel nicht explizit, aber sie lassen sich in seine Beschreibung der Sozialen Dienstleistungen gut einreihen.

[33] Die Pyramide in Deutschland und in anderen Ländern weltweit ähnelt der Pyramide der USA stark. In Deutschland besitzt das oberste Prozent der Bevölkerung rund 18 % des gesamten Vermögens – genauso viel wie die ärmsten 75 % der erwachsenen Bevölkerung. Deutschland gehört damit innerhalb des Euro-Raums zu den Staaten mit der höchsten Vermögensungleichheit (bpb Vermögensverteilung 2020).

Eine indirekte Kontrolle der großen Masse, die am wenigsten hat, wird mit Hilfe von Rechts-, und Bildungssystemen und einem Netz von Berufen, Karrieren und Professionen geschaffen, welche Macht über den Rest der Bevölkerung herstellen und erhalten (ebd., S. 143). In dieser Pufferzone, welche die bestehenden Ungerechtigkeiten zugunsten der herrschenden Klasse aufrechterhält, arbeiten zum Großteil Menschen der unteren Klasse, so Kivel (2017, S. 134). Hier seien Berufe angesiedelt, welche die 9 Prozent des Nationalen Wohlstandes an die 80 Prozent der Menschen der unteren Klasse mit bestimmten systemstützenden Logiken – oftmals entlang von Differenzlinien, wie *race*, Klasse, Geschlecht, Behinderung oder Papiere/Aufenthaltsstatus – verteilten. Als Teil der Institutionen und Berufe der Pufferzone nennt Kivel Gefängnisse und Strafsysteme, Lehrer*innen, Polizist*innen, Krankenpfleger*innen, Sachbearbeiter*innen und Soziale Dienstleister*innen. Die Pufferzone habe auch die Funktion, sich um Menschen zu kümmern: Hier werde (aus-)sortiert, bewertet, es würden Hoffnungen auf Erfolgs- und Aufstiegschancen bei mehr Anstrengung vermittelt (Bildungssektor) oder mehr Freiheiten bei besserer Kooperation (Soziale Dienstleistungen) versprochen. Aufstieg sei letztlich aber nur für wenige möglich, denn eine gerechtere Aufteilung des Wohlstandes sei nicht im Sinne derjenigen, die am oberen Ende der Pyramide unverhältnismäßig mehr Macht haben, als der Rest der Bevölkerung. Kivel regt durch Fragen, die den Text durchziehen zur kritischen Reflexion der eigenen Praxis und Haltung an und meint am Ende des Textes: »I am suggesting a bottom-up accountability guided by those on the frontlines of grassroots struggles for justice. In which direction does your accountability lie?«[34] (Kivel 2017, S. 148). Professionelle sollten also im Kontakt mit den sozialen Bewegungen und Kämpfen derjenigen Menschen, mit denen sie arbeiten, sein, wenn sie der Rechenschaftspflicht, die an erster Stelle gegenüber Betroffenen abgelegt werden müsste, nachkommen wollen (ebd. S. 147). Wenn tatsächliche Unterstützung das Ziel ist, bleibt eine kritische Beschäftigung mit Macht unumgänglich, denn sonst besteht immer wieder Gefahr, dass Macht missbraucht wird und vorrangig als Kontrollinstanz fungiert (Kivel 2017).

[34] »Ich schlage eine Rechenschaftspflicht von unten nach oben vor, die von denjenigen geleitet wird, die an der Front der Bewegungen/des Kampfes für Gerechtigkeit stehen. In welche Richtung geht Ihre Rechenschaftspflicht?«

2.5 Zusammenfassung und Leerstellen

Der Ursprung eurozentrischer und dominanter Systeme der psychosozialen Gesundheitsversorgung konstituiert ihre Wirkmächtigkeit. Es muss eine Begrenztheit dieser Systeme festgestellt werden, da sie nicht alle Menschen gleichermaßen unterstützen. Psychosoziale Institutionen haben eine ›Macht über‹ (marginalisierte) Individuen und zudem eine systemstabilisierende Rolle in der ungerechten Gesellschaft. Eine Gesellschaft, in welcher die vulnerabelsten Gruppen auch in Systemen der psychosozialen Gesundheitsversorgung Gewalt erfahren, die unter anderem durch diskriminierende Ausschlüsse, epistemische Gewalt, Pathologisierung und Individualisierung gekennzeichnet ist. Unterstützungsangebote und Versuche der Hilfe bleiben oberflächlich, kurzfristig und zuweilen performativ, wenn Entstehungsursachen von psychosozialen Notlagen nicht macht- und diskriminierungskritisch betrachtet oder nur mit dem biomedizinischen Modell von Gesundheit zu verstehen versucht werden. Weder finden in dominanten Systemen Macht- und Diskriminierungskritik angemessen Raum, noch sind sie Bestandteil einer professionellen Ausbildung. Wenn Macht nicht thematisiert wird, kann sie leicht missbraucht werden. Und wenn es keine Worte gibt, um Erfahrung der Unterdrückung zu beschreiben, dann kann Unterdrückung auch kaum thematisiert und bekämpft werden.

Im deutschsprachigen Raum konnte ich mehr Arbeiten zu Machtkritik im Bereich der Sozialen Arbeit, als im Bereich der (Psycho-)Therapie finden. Alle von mir rezipierten Quellen verweisen jedoch darauf, dass weder in der Praxis noch in der Theorie und auch nicht in Aus- und Weiterbildung außreichend über Macht- und Unterdrückungssysteme gesprochen wird. Die in einigen Quellen zugrundeliegenden Verständnisse von Gesundheit und Krankheit scheinen mir zudem auch unter Berücksichtigung des biopsychosozialen Gesundheitsmodells nicht vollständig zu sein: Gesellschaftliche Strukturen der Macht und Unterdrückung werden dort weder für die Ursachenanalyse von Leidenszuständen, psychosozialen Herausforderungen oder Krisen, noch für deren ›Heilung‹ ausreichend mitbehandelt.

Zu klären bleibt, wie sich eben diese Strukturen auf marginalisierte Communities und Individuen auswirken und was es vor diesem Hintergrund heißt, gesund zu sein oder zu ›heilen‹. Und was kann von Communities mit Marginalisierungs-/ Verfolgungs- und Unterdrückungserfahrung über Heilung gelernt werden?

3 Wounding, healing and struggle

Freedom is a constant struggle heißt ein Buch von Angela Davis (2015), welche als US-amerikanische Bürgerrechtlerin und intersektionale Aktivistin seit Jahrzehnten Teil internationaler Befreiungsbewegungen ist und weiß, dass Freiheit stetig errungen werden muss. Kämpfe gegen Unterdrückung, für Gleichberechtigung und Gerechtigkeit beschreibt Davis als fortlaufende Kämpfe (*ongoing struggle*). Diese sind notwendige Folge der fortlaufenden Verwundungserfahrung, die marginalisierte Individuen und Communities durch Unterdrückung erleben *(ongoing wounding).* Fortlaufende Verwundungserfahrungen wiederum machen fortlaufende Heilungsbewegungen notwendig *(ongoing healing).* Ich versuche auf den folgenden Seiten ein politisiertes[1] Heilungsverständnis zu umreißen, welches Strukturen von Macht und Unterdrückung maßgeblich mitdenkt. Ich thematisiere die drei oben genannten Erfahrungsräume und zeige jeweils Aspekte des Wissens, was aus diesen erwächst. *Wounding, healing and struggle* begleiten marginalisierte Individuen und Communities mal weniger und mal mehr bewusst durch den Alltag und durch das Leben, so meine These. Die Aufteilung ist ein Strukturierungsversuch, eine Möglichkeit von vielen, bei dem Versuch, die Verbundenheit(en) von widerständigem Aktivismus und Heilungsbewegungen zu erkunden. Beides, Heilung und Aktivismus als Reaktion auf Unterdrückung, finden oft in voneinander getrennten Räumen statt, wenn zum Beispiel in aktivistischen Räumen kaum Platz für Verletzlichkeiten ist und wenn

[1] ›Politisiert‹ oder ›diskursiv-politisch‹ unterscheidet Nancy Fraser von ›offiziell politisch‹. Das Letztere meint Angelegenheiten, mit denen sich Institutionen des offiziellen Regierungssystems einschließlich der Parlamente befassen. Das Erste meint, wenn ein Thema »über ein Spektrum verschiedener diskursiver Arenen hinweg und innerhalb einer Bandbreite unterschiedlicher Öffentlichkeiten umstritten ist« (Fraser 1994, S. 257). Donna Baines beschreibt dies als *small ›p‹ politics* im Gegensatz zu *big ›P‹ politics* (Baines 2011, S. 5).

R. Goltz, *Healing als politische Praxis*, BestMasters,
https://doi.org/10.1007/978-3-658-51087-9_3

Heilungsräume unpolitisch sind und/oder Macht- und Unterdrückungsstrukturen nicht thematisieren.

Im ersten Schritt werden zunächst Aspekte der Verwundungserfahrungen marginalisierter Communities betrachtet, um im Anschluss daran nach Ansätzen, Verständnissen oder Theorien zu suchen, die heilende Antworten auf Aspekte der Verletzungen anbieten. Anschließend wird ein auf Heilung konzentrierter Aktivismus thematisiert, bevor das Zusammenwirken dieses Dreiklangs noch einmal illustriert wird. Dabei wird sich hier weniger um ›Vollständigkeit‹ bemüht, als um die Darstellung und Nachvollziehbarkeit meines derzeitigen Wissensstandes als einer Momentaufnahme.

Zum Hauptteil dieser Arbeit gibt es eine Playlist, die Klänge des *wounding, healing* und *struggle* hörbar macht. Einige Lieder, haben mich durch die Zeit der Arbeit begleitet. Die Texte mancher Lieder werden in der Arbeit zitiert.

Is It Because I'm Black (Syl Johnson 1969)
Why We Cry Why We Die (SAULT 2020)
Stronger (SAULT 2022)
Mandela (Danyèl Waro, Tumi Boitumelo Molekane, 'Zubz' Ndabaningi Mabuye 2010)
This Generation (SAULT, Laurette Josiah 2020)
Power (SAULT 2022)
Osondu (The Cavemen 2020)
Mouhamadou Bamba (Orchestra Boabab 1981)
Kothbiro (Ayub Ogada 1993)
Lume, lume- choir version (Fanfare Cioacarlia 2001)
Black (SAULT 2020)
Say It Loud- I'm Black And I'm Proud- Pts 1&2 (James Brown 1968)
Water no get enemy (Fela Kuti 1975)
Ancestors Dance (Moonshine, Maitre Megallan, NoKliché 2021)
Quechua 101 Land Back Please (Bobby Sanchez 2021)
Little Q, Pt.2 (Little Simz 2021)
Let The Sunshine In (Reprise)- Remastered 2000 (The 5th Dimension 1969)

3.1 Ongoing Wounding

»Weil seine eigene Verletzung beschreiben zu können ein wichtiger Schritt zur Selbstermächtigung ist.«
Identitti (2021) – Mithu M. Sanyal

Für radikalere, tiefergehende Heilung muss sowohl der Grund der Verletzungserfahrung als auch ihre ›Beschaffenheit‹ genauer untersucht werden. Was heißt es, als marginalisierte Person durch die Gesellschaft verwundet zu werden? Welche Strukturen sind es, die wehtun, verletzen und töten? Was hält die Wunden offen? Was sind Aspekte dieser Erfahrungsräume, die in dominanten Diskursen zu psychosozialer Gesundheit nicht berücksichtigt werden? Ich betrachte hier eine Auswahl der Gefühle, die für das Erleben von psychosozialen Verletzungen zentral sind, beschreibe Aspekte der Auswirkungen von Diskriminierung auf die psychosoziale Gesundheit marginalisierter Individuen und Communities am Beispiel von Rassismus und zeige machtinformierte Verständnisse von Verletzungserfahrungen auf. Da sich gesellschaftliche Strukturen von Macht und Unterdrückung auch in individuellen, zwischenmenschlichen Beziehungen und in Institutionen abbilden, fokussiere ich mich auf die strukturelle Ebene, die ich als Grund und Nährboden verstehe, auf welchem individuelle und institutionelle Ausschlüsse und Angriffe erst ermöglicht werden.[2]

Disclaimer: Im Folgenden werden teilweise Bezeichnungen aus dem ICD-10 genutzt. Dies wird im Anschluss kritisch kontextualisiert. Zudem werden bei dem Blick auf die strukturelle Ebene zuweilen Verallgemeinerungen entstehen, die nicht auf alle Institutionen und Individuen, die in der psychosozialen Gesundheitsversorgung tätig sind, zutreffen mögen Abbildung 3.1.

[2] Fütty unterstreicht die Wichtigkeit homophobe oder transfeindliche Taten nicht zu individualisieren und den Blick nur auf die ›Einzeltäter*innen‹ zu richten. Hasskriminalitätsgesetzte zum Beispiel seien hier kritisch zu betrachten, da sie Taten individualisieren und weil sie herrschaftsstützenden gegenwärtigen Sicherheitsverständnissen und -apparaten in die Hände spielen. Ein größerer Fokus müsste auf der Veränderung der homophoben und transfeindlichen Gesellschaft mit ihren Normen, Institutionen und Politiken liegen, die ›Einzeltäter*innen‹ erst hervorbringt (Fütty 2019, S. 183–199).

Abbildung 3.1 »Innen-und-außen-Verwundung«. Digitale Zeichnung. R. Goltz. 2015/2023

3.1.1 Trauer und Schmerz

Trauer und Schmerz sind Gefühle der Verwundung, die in der Schnelllebigkeit unserer Zeit wenig Raum bekommen. Denn sie verlangsamen und fordern auch von dem Umfeld eine Entschleunigung ein. Trauer zum Beispiel ist oft negativ mit Schwäche und Hoffnungslosigkeit oder Pessimismus[3] assoziiert. Auf einen trauernden Menschen muss Rücksicht genommen werden, was eine Verlangsamung bedeutet, für die wir in unserem kapitalistisch geprägten Alltag kaum Zeit haben. Ein Alltag mit einer Vergangenheit und wohl auch einer Zukunft von Kriegen, Genoziden und weiteren von Menschen gemachten Katastrophen, der täglich

[3] In einem Gespräch zwischen Max Czollek und Lena Gorelik im Haus der Kulturen der Welt in der Reihe *Versöhnungstheater* am 01.10.2023 sprach Czollek den weit verbreiteten ›krampfhaften‹ Optimismus an, der oft letztlich realitätsfern und tatsächliche (rechte) Gefahren verdrängend, allem vielleicht realistischerem ›Pessimismus‹ keinen Raum lässt. Czollek fragte, ob es nicht mal einen Versuch wert wäre, dem Pessimismus zuzuhören und zu schauen, ob daraus mehr fruchtbare, widerständige Handlungen erwachsen könnten. (Czollek & Gorelik 2023).

Grund zu ›tiefem Kummer‹ (engl. *grief*) gibt. Trauer braucht Raum und Ruhe. Wir brauchen sie, um das zu verarbeiten, was wir nicht ungeschehen machen können, was nicht wieder zurückkommt und als unveränderlich akzeptiert werden muss. Wir müssen Trauer durchleben, um loslassen zu können, was uns so wichtig war. Oft nehmen wir uns nicht einmal dafür Zeit und Raum. Denn manchmal ist der Schmerz (scheinbar oder auch tatsächlich) zu groß, um ihn zu tragen. Und oftmals gibt es diesen Raum und diese Zeit zum Trauern schlichtweg nicht. Besonders dann, wenn die Gründe für die Trauer kein Ende nehmen, da sie mit strukturellen, fortlaufenden Diskriminierungserfahrungen zusammenhängen. Und weil prekäre finanzielle Verhältnisse als Folge von (Mehrfach-) Deprivilegierungen eine Entschleunigung möglicherweise nicht zulassen. Im Rahmen des Möglichen lohnt es jedoch, sich mit Schmerz und Trauer zu befassen, denn wir können die Trauer, vor der wir uns so oft fürchten, verwandeln, wenn wir durch sie hindurchgehen (Mitchell 2020, S. 95) (Abbildung 3.2).

In der Sonderausstellung»Auf den Spuren der Familie Diek. Geschichten Schwarzer Menschen in Tempelhof-Schöneberg«[4] fand ich eine Intervention von Kollektiv»kaboom« mit einem Gedicht May Ayims und dem historischen Dokument einer Werbeanzeige von Louis Brody[5] (Ludwig M'bebe Mpessa):

> nachdem sie mich erst
> anschwärzten
> zogen sie mich
> dann durch den kakao
> um mir schließlich
> weiß machen zu wollen
> es sei vollkommen unangebracht
> schwarz zu sehen
>
> EXOTIK (1985) – May Ayim

Diese Zusammenstellung und Überlagerung des Gedichts und des historischen Dokuments verbildlicht die Kontinuitäten von Rassismuserfahrungen Schwarzer Menschen in Deutschland und drückt für mich einen tiefen Schmerz aus. Ein

---

[4] Sonderausstellung der Museen Tempelhof-Schöneberg, 27.01.- 01.10.2023 (verlängert bis 15.10.23) im SchönebergMuseum.

[5] Louis Brody (Ludwig M'bebe Mpessa) (*1892 Kamerun) war deutscher Bühnen- und Filmschauspieler, Sänger, Schau-Kämpfer und Polit-Aktivist. Anfang 2023 wurde für ihn in Berlin ein Stolperstein gesetzt, da er im NS-Regime Ausgrenzung, und Entrechtung erlebte. Er lebte bis 1951.

Abbildung 3.2 Kollektiv»kaboom«: Intervention ›Exotik‹ mit einem Gedicht von May Ayim und einer Werbeanzeige von Ludwig M'bebe Mpessa (2023), gezeigt im Rahmen der Ausstellung ‚Auf den Spuren der Familie Diek. Geschichten Schwarzer Menschen in Tempelhof-Schöneberg' im Schöneberg Museum 27. Januar – 1. Oktober 2023

Schmerz, der in dem Gefühl des Ausgeliefertseins und Verkanntwerdens wurzelt. Ausgeliefertsein einer Gesellschaft gegenüber, die seit Jahrhunderten ›verandert‹ und immer wieder an den Rand stößt, be- und verurteilt, willkürlich und ungerecht agiert und alle Gegenwehr bekämpft, normabweichende Wissensbestände, Widerworte und zum Ausdruck gebrachten Gefühle ignoriert, belacht oder für Gedankengespinste erklärt. Verkannt werden und bei ständigen Fremddefinitionen, -bezeichnungen und Zuschreibungen, die Herausforderung, ›sich-selbst‹ zu sein und kein defizitäres Selbstbild zu entwickeln, annehmen.

When the black man's word was spoke
And the white man thought it was a token
We have suffered our whole lives due
Doing things that you're not supposed to do
We were beaten 'til our backs were black and blue
I, I was born a loser
I, I was born a loser
Because I'm a black man[6]
Black Man's World (1965)

– Alton Ellis

3.1.2 Das schlechte Geheimnis der Scham

Scham ist oft ein Teil und die Folge von Verletzungen und erhöht zugleich die Wahrscheinlichkeit weiterer Verletzungen. Brené Brown (2004, S. 15, in Jackson 2017, S. 60), die über Scham forscht, beschreibt Scham als ein äußerst schmerzhaftes Gefühl und eine Erfahrung, die uns glauben lässt, dass wir fehlerhaft und daher unwürdig sind, akzeptiert zu werden und dazuzugehören. bell hooks schreibt:»Shaming is one of the deepest tools of imperialist, white supremacist, capitalist patriarchy because shame produces trauma and trauma often produces paralysis.«[7] (hooks, in Hill 2022, S. 121) und verweist damit auf die herrschaftsstabilisierenden und Widerständigkeit erschwerenden Aspekte dieses Gefühls. Tanya Denise Fields[8] beschreibt in ihrem Essay *Dirty Business: The Messy Affair Of Rejecting Shame* (2021, S. 22–32), wie Scham lange ihr Leben regierte und immer neue Verletzungen ermöglichte. Als sie ihre (erlernte) Scham zu verstehen begann, konnte sie diese auflösen und neue Kraft schöpfen, um sich selbst aus ihrer Lebenssituation, in der sie immer wieder Gewalt ausgesetzt war, zu befreien. Scham spielt also eine wichtige Rolle in der Aufrechterhaltung von Unterdrückung. In Fields Lebenszeugnis wird sichtbar, wie sehr Scham Stagnation und die Fortführung traumatischer Situationen bedeuten kann, wenn sie

[6] Als das Wort des Schwarzen Mannes gesprochen wurde/ Und der *weiße* Mann dachte, es sei wertlos /Wir haben unser ganzes Leben lang gelitten/Dinge getan, die man nicht tun sollte/ Wir wurden verprügelt, bis unser Rücken schwarz und blau war/Ich, ich wurde als Verlierer geboren/Weil ich ein Schwarzer Mann bin

[7] »Scham ist eines der tiefsten Werkzeuge des imperialistischen, *weißen*, kapitalistischen Patriarchats, denn Scham erzeugt Trauma und Trauma erzeugt oft Lähmung«

[8] Fields gründete 2009 das *Black Feminist Project* in den USA.

nicht erkannt und überwunden wird. Unbeachtete oder unbearbeitete Scham hindert Menschen, die Gewalt erfahren haben, oft daran, sich anderen anzuvertrauen und Unterstützung zu suchen, so Fields. So wird Vereinzelung begünstigt und die Wahrscheinlichkeit verringert sich, dass Betroffene sich zusammenschließen und die gesellschaftlichen Strukturen hinter ihrem scheinbar individuellen Leid erkennen können, die ermöglicht oder begünstigt haben, was ihnen passiert ist (Fields 2021, S. 22–32).

Scham ist auch bei mehrfach privilegierten Menschen und Mitgliedern der Dominanzgesellschaft ein zentrales Gefühl, was bei der Aufrechterhaltung bestehender ungleicher Machtstrukturen eine wichtige Funktion einnimmt. Unbearbeitete Scham verhindert nicht selten, dass Menschen ihre Privilegien reflektieren, Verantwortung für ihre eigene Mitschuld, die Schuld ihrer Vorfahren oder ihrer Gesellschaft übernehmen und sich auf den zunächst beschwerlichen Weg des Umlernens wagen. Das Unterdrücken von Scham aufgrund der eigenen Vormachtstellung und unverdienter *weißer* Privilegien sei weit verbreitet und das Abtrennen von den eigenen Gefühlen sei in den unterdrückerischen Systemen erlernt worden, so Hill (2022, S. 127). Unterdrückte Scham verfestige sich und führe den Kreislauf der Unterdrückung fort, so Hill (ebd. S. 127). Myisha T. Hill ist eine afroamerikanische Mental Health Aktivistin, die mit *Heal Your Way Forward* ein antirassistisches Arbeitsbuch geschaffen hat, was über einen aktivistischen Weg intergenerationale Heilung für *weiße* Menschen anbietet. Sie beschreibt darin ihre eigenen Erfahrungen des Lernens und Verlernens und teilt schmerzhafte wie auch kraftgebende Erinnerungen und Gefühle mit den Lesenden. Sie nennt Stagnation und Angst als Folgen von verdrängter Scham (Hill 2022, S. 125). Zudem hängt Scham oft eng mit Schuldgefühlen zusammen (u. a. ebd., S. 123, Bönkost 2016, S. 8, Ogette 2020, S. 28ff). Scham- und Schuldgefühle für die eigene Unfähigkeit und das Unvermögen es besser zu machen. Der Umgang mit Scham und anderen unangenehmen Gefühlen, welche die *weiße* Vormachtstellung (*white supremacy*) stabilisieren, sollte in antirassistische und diskriminierungskritische Lernprozesse integriert werden (Hill 2022, S. 123 f.; Bönkost 2016, S. 7f). Wenn wir mit der Scham und nicht gegen sie arbeiten, könne das letztlich zum *sweet spot of vulnerability* führen, dem für den Weg der Heilung wichtigen Ort der Verletzlichkeit (Hill 2022, S. 127).

3.1.3 Rassismus und biopsychosoziale Gesundheit

Ich habe bereits die schlechtere psychosoziale Gesundheitsversorgung und die ungleichen Zugangsvoraussetzungen für BIPoC erwähnt. Sehr konkret sind

BIPoC[9] in Deutschland im Vergleich zu *weißen* Menschen besonderen gesundheitlichen, psychosozialen und ökonomischen Belastungen ausgesetzt (Yeboah 2017, S. 143 ff.; Schouler-Ocak et. al. 2015, S. 1). Rassismuserfahrungen und internalisierte Rassismen können sich auf die physische, psychische und soziale Gesundheit von Betroffenen auswirken. Dabei spielt auch erlebte und strukturell real verankerte Machtlosigkeit eine Rolle. Lani V. Jones (2017, S. 90 ff.) beschreibt anhand von Sexismus und Rassismus-Erfahrungen Schwarzer US-amerikanischer Frauen, wie diese Erfahrungen zu erhöhtem Stress, negativen Gedankenschleifen und letztlich zu Depressionen führen können. Jones führt eine Sammlung von Studien an, welche eine Spannbreite von gesundheitlichen Problemen aufzeigen, die durch Ohmacht-induzierten Stress und Ärger entstehen oder sich verschlimmern können. Chronisch physische (z. B. Bluthochdruck) und psychische Gesundheitsprobleme bei (mehrfach) diskriminierten Menschen müssen auch als mögliche Folge ihrer relativen (individuellen, institutionellen und systemischen) Machtlosigkeit gesehen werden, so Jones (2017, S. 91 f.). Rassismuserfahrungen und internalisierte Rassismen haben zudem Auswirkungen »auf Selbstwert (…) Sozialisation und Identität« betroffener Personen (Velho 2010, S. 17) und können sich hier negativ einschreiben.

Vanessa Jackson hat Praxiserfahrung als Rechtsbeistand für psychische Gesundheit in einem staatlichen Schutz- und Interessenvertretungsprogramm und recherchierte zur psychiatrischen Geschichte von Afroamerikaner*innen. Sie beschreibt, dass viele rassismuserfahrene Menschen falsche Diagnosen erhalten und jahrelang erfolglos behandelt werden. Darüber hinaus seien sie häufig zum Schweigen gebracht oder zwangsmedikamentiert worden, wenn sie versuchten, Erfahrungen wie Missbrauch, Armut oder Homofeindlichkeit zu beschreiben, die zu ihrer emotionalen Notlage beitrugen, so Jackson (2017, S. 60).

Rassismus schmerzt also auf vielschichtige Art und Weise und steht hier beispielhaft für eine von vielen miteinander verwobenen Unterdrückungsformen, die Personen auch in den Räumen verletzen, in denen ihnen eigentlich Unterstützung und Heilung versprochen wird.

---

[9] In den meisten von Yeboah zitierten Quellen und Datensätzen ist von ›Menschen mit Migrationshintergrund‹ (MmMh) die Rede. An deutschen Forschungen zum Thema kritisiert sie die Nicht-Benennung der Rassismusserfahrung(en), die ein großer Teil der MmMh machen (Yeboah, S. 143 f.). Die Formulierung MmMh ist kritisch zu betrachten, da sie eine Fremdbezeichnung und nicht sehr aussagekräftig ist. Zudem unterscheidet sich die eigentliche Bedeutung des Begriffs von der stigmatisierenden Nutzung des Begriffs im Alltag. Dies wird auch in akademischen Kontexten und in wissenschaftlichen Arbeiten selten berücksichtigt.

Something is holding me back (people)
Is it because I'm black?
Tell me, can't you see?
Somebody, please tell me
Is it because I'm black?
Is it because I'm black (1969)

– Syl Johnson

täglich, stündlich:
hat er das gesagt,
hat sie so geguckt
Ist es passiert,
Haben wir deshalb nicht zusammengefunden,
haben sie gelacht,
habt ihr mich ignoriert,
weil ich…bin?
Nein es war sicher nicht so gemeint
hab dich nicht so
Bin ich zu empfindlich? Oder war es weil ich …bin?

3.1.4 Soulwounds

Wenn wir uns in der Logik des ICD-10 bewegen, wird bald klar, wessen Perspektiven hier dominieren und welche (weltweit zahlenmäßig deutlich überlegenen) Lebensrealitäten eine geringere Rolle spielen. Das dominante Verständnis dessen, was ein ›Trauma‹ ist, ist ein Beispiel hierfür. Trauma, welches sich von dem griechischen Wort für Wunde ableitet, umfasst Erfahrungen der Hilflosigkeit, Schutzlosigkeit oder Bedrohung (degpt e. V. 2023). Trauma ist laut der Deutschen Traumastiftung (2019) ein»belastendes Ereignis oder eine Situation, die von der betreffenden Person nicht bewältigt und verarbeitet werden kann. Es ist oft Resultat von Gewalteinwirkung – sowohl physischer wie psychischer Natur. Bildhaft lässt es sich als eine ›seelische Verletzung‹ verstehen«.

Rassistische Diskriminierung wird oft nicht als Trauma benannt oder anerkannt. Es lässt sich aber einige vor allem englischsprachige Literatur finden, die genau diese Verbindung herstellt (Saad 2022; Lerch 2019). Dass ein Verständnis von Rassismus als Trauma noch keinen Einzug in eurozentrische Klassifizierungssysteme gehalten hat, liegt wohl auch daran, dass die Geschichte rassistischer

Unterdrückung(en) und ihre Auswirkung auf die Gesundheit der Betroffenen innerhalb westlicher Diskurse bisher allgemein noch allzu wenig berücksichtigt wurde. Prentis Hemphill ist Therapeut*in und Somatik Praktiker*in und arbeitete als Healing Justice Director im *Black Lives Matter Global Network*. Hemphill thematisiert die Leugnung der Existenz von Trauma durch Rassismuserfahrungen und der Rolle der Gesellschaft darin (Hemphill 2021, S. 43–53). Grada Kilomba (2020, S. 18 ff./S. 100–106) beschreibt die Herausforderung von BIPoC, mit den tagtäglichen Auswirkungen ihrer gesellschaftlichen Deprivilegierung, mit den (Community) Traumata der Versklavung und des Kolonialismus sowie einigen an die Rassismuserfahrungen gebundenen Gefühlen nicht nur auf einer individuellen Ebene, sondern auch auf einer historischen und kollektiven Ebene einen Umgang zu finden. In *Plantation Memories. Episodes of Everyday Racism* (2020) schreibt Kilomba sehr eindrücklich und mit einem psychoanalytischen Blick von ›der Wunde‹. Sie beschreibt und analysiert einige Rassismuserfahrungen Afrodeutscher Personen und führt Frantz Fanon an, der bereits die Erfahrung, rassifiziert zu werden, als traumatisch benennt (Fanon 1967, in Kilomba 2020, S. 18). Durch *Othering*-Prozesse werden rassifizierte Subjekte mit negativen Zuschreibungen überladen, so Fanon (in Kilomba 2020, S. 18) und so entsteht eine Diskrepanz zwischen der Selbstwahrnehmung und gesellschaftlich dominierender, stark negativ konstruierter Fremdwahrnehmung und Zuschreibungen. Diese Diskrepanz stelle, als erlebte ›Unvernunft‹ oder auch ›Unlogik des Rassismus‹, für Betroffene eine stetige Verletzung und Invalidierung dar: Betroffene erleben sich als ›normal‹ und bemüht ein ›guter Mensch‹ zu sein, aber ihre Umwelt sagt, dass sie schlecht, böse, gefährlich, rückständig seien (Fanon 1967, in Kilomba 2020, S. 18 f.). Eine Invalidierung von Emotionen, wenn Kindern zum Beispiel schon früh ein Gefühl (zu sich selbst oder zu ihrer Um_welt) abgesprochen wird, kann traumatische Auswirkungen haben.

Alltägliche rassistische Mikroaggressionen in Form von non-/verbalen Beleidigungen, Kränkungen, Demütigungen etc. müssen als Einzelereignisse nicht traumatisierend wirken. In der Summe können sie jedoch zu einer traumatisierenden Gesamtbelastung führen, die Carter anhand seiner Untersuchungen zu rassismusbedingten Belastungen mit dem Modell des *race-based traumatic stress* beschreibt. Intersektionale Diskriminierungserfahrungen wie sie zum Beispiel eine lesbische Frau of Color macht (Rassismus, Sexismus und Homofeindlichkeit) führen zu einer Anhäufung und Verstärkung des Stresses (Carter 2007 in Lerch 2019, S. 55). Ähnlich hierzu beschreibt das Konzept der *sequentiellen Traumatisierung*, „wie mehrfache Erfahrungen von traumatisierenden Ereignissen zu einer Traumaverschärfung und, nach dem Ende der unmittelbaren Belastungssituation, zu anhaltenden Stressreaktionen führen können“ (Keilson 1979 in Lerch 2019,

S. 55). In ähnlicher Weise besprechen Duran et. al. mit dem Konzept des *Acculturative stress*, den Stress marginalisierter Menschen in einer Dominanzgesellschaft, bei welchem Verhaltensweisen wie Ängstlichkeit, Depression, Gefühle der Marginalität und der Ent-/Verfremdung, erhöhte psychosomatische Symptome und Identitätsverunsicherung ausgelöst werden (Duran et. al. 1998, S. 343). Ein weiteres Konzept bespricht Wunden, die sich aus Rassismuserfahrungen ergeben, als *kumulatives Trauma* (Khan 1963, in Lerch 2019, S. 55). So wie bei Mikroaggressionen viele kleine Angriffe aufsummiert sehr schmerzhaft sein können, so können viele kleinere Verletzungen zu den für die Posttraumatische Belastungsstörung (PTBS) typischen Reaktionen und Symptomatiken führen, so Gutiérrez (2022, S. 4).

»Es war kein Problem. Ich war schlau und vorsichtig und wusste, wie ich Kontrollen umgehen konnte«, so erinnert sie die Worte ihres Vaters über seine Zeit in Deutschland. Ohne Papiere in Deutschland. Vor vielleicht einem Jahr am Telefon mit ständig abgebrochener oder schlechter Verbindung. Sie kann die Begegnungen, an die sie sich erinnert an einer Hand abzählen. Nein, an vier Fingern. So selten hat sie ihn mit seiner Körpersprache, seinem Verhalten im Raum und mit Anderen wahrgenommen und besser verstehen können, wer er eigentlich ist. Sie beschreibt, wie ähnlich sie ihm ist. Und ist genervt davon. Aber wenn sie in seine Erfahrungen hineinzuversetzen versucht, dann versteht sie nun zumindest wie er zu dem Menschen geworden ist, den sie vor ein paar Jahren bewusster kennengelernt hat. Seine Vorsichtigkeit und die Fähigkeit, sich unsichtbar zu machen. Fast unterwürfig. Wie sie das verabscheute. Jetzt kann sie das zunehmend als Fähigkeit anerkennen und sieht darin wertvolle Überlebensstrategien. Sie spricht von ihrem ›Imposter‹, ihrer Selbstverunsicherung, dem ›sich ducken‹ und ›sich-kleiner-machen‹. Sie hat oft das Gefühl, mehr mitzubekommen als andere. Von dem, was im hinteren Winkel ihres Blickfelds passiert. Wer in den gleichen Waggon steigt und wo sich Stress ankündigt. Auch sie kann sich quasi unsichtbar machen. Auf jeden Fall aber ›unstörend‹ und unauffällig. Sie steht in der Bahn auf für ältere Menschen. Sie ist höflich und zuvorkommend. Sicherheit und Kontrolle sind ihr lieber als lockere Spontanität. Und darin versteht sie sich oft selbst nicht. Ihre Erfahrungen in Deutschland passen scheinbar nicht mit der Intensität ihrer Verhaltensmuster, ihrer Sorgen und Vorsorgen zusammen. Sie wurde doch nicht von Nazis gejagt!? Sie versucht sich zu entspannen, aber das drückende, unruhig wachsame, verunsichernde Gefühl geht nicht aus ihrem Körper. Und sie beginnt zu verstehen, dass zwar einiges logische Folge ihrer eigenen Erfahrungen, anderes aber die Folge der Erfahrungen ihres Vaters sind. Und wahrscheinlich auch der Erfahrungen ihrer Großeltern in Nigeria und Deutschland, welche die Bombennächte in Berlin, den Biafra-Krieg, Flucht und die Schrecken der Kolonialzeit, erlebt haben. Aber vor allem sind seit den letzten Telefonaten die Bilder von ihrem Vater, wie er durch das kalte, dunkle Berlin der 90er rennt, in ihrem Kopf. Er war schlau und schnell. Sagte er lachend.

Diese anonymisierte Erinnerung an ein Gespräch illustriert die transgenerationale Weitergabe von Traumata. Hierzu gibt es auch viele Veröffentlichungen. In einer Übersichtsarbeit zeigen Luise Reddemann und Silke Gahleitner (2016) zahlreiche Nachweisstudien zur transgenerationalen Weitergabe von Traumata in Familien und Communities oder auch über Generationen ganzer Gesellschaften hinweg (ebd. S. 119). Redemann & Gahleitner kritisieren zudem, dass das Wissen über transgenerationale und kollektive Traumata von der Psychotherapie bislang weitgehend vernachlässigt wird (2016, S. 118 f.). Ursache und Folge ist möglicherweise, dass transgenerationales Trauma im ICD-10 nicht verzeichnet ist. Für eine transgenerationale Traumatisierung, so schreiben Redemann & Gahleitner (2016, in Dunkel 2021, S. 222), werden die nach ICD-10 bzw. DSM-5 bekannten typischen Symptome einer Traumafolgestörung wie»intrusive Symptome, dissoziative Reaktionen, Hypervigilanz, erhöhte Schreckhaftigkeit, Konzentrationsschwierigkeiten, Entfremdungsgefühle sowie negative traumaassoziierte Emotionen wie Angst, Wut, Schuld oder Scham« benannt. Angeführt werden aber auch»verschiedenste unspezifischere Beschwerden, wie beeinträchtigtes Selbstvertrauen, Identitätsstörungen und gestörtes Sozialverhalten« (Drexler 2018, in Dunkel 2021, S. 222). Ausschlaggebend ist, dass es nach eingehender Anamnese und gemeinsamen Betrachtung der Klient*innenbiografie hier für die Leidenszustände keine (ausreichende) Erklärung gibt (Rauwald & Erhardt 2020, in Dunkel 2021, S. 223). In Forschung und Literatur zu transgenerationalen Traumatisierungen wurden vor allem kollektiv traumatisierende Ereignisse berücksichtigt, so Kühner (2008, in Dunkel 2021, S. 217).

Die meisten Forschungen zu transgenerationalen Traumata wurden in den 1960er Jahren in Bezug auf die Shoah und den ›zweiten Weltkrieg‹, u. a. auch im deutschsprachigen Raum, durchgeführt. Das Wissen über die Weitergabe von Traumata gibt es jedoch schon länger. Die ›Seelenwunde‹ (*soulwound*) ist eine Bezeichnung indigener Gesellschaften der Amerikas für das historische und kollektive Trauma, das, seit Columbus und Cortés diesen Erdteil betraten, andauert (Duran et al. 1998, S. 341 f.). Dieses multigenerationale und ›historische Trauma‹ führe zu kummulativer Verwundung über Zeit und beschreibt den nicht enden wollenden Prozess, der Folgen von Rassismen, Unterdrückung, Kolonialismus und Genoziden in der Vergangenheit, sowie ihrer Kontinuitäten heute (ebd. S. 341). Aufgrund von gewaltvollen Strukturen der Dominanzgesellschaft, den fortdauernden Kampf und die Verletzungen (*ongoing struggle and wounding*) der marginalisierten Communities und ihrer Individuen, könne die Trauer nie ganz abgeschlossen werden und depressive Zustände würden von Kindern teilweise von Geburt an aufgenommen (ebd. S. 341 f.). Duran et al. (1998, S. 342) zeigen die parallelen Erkenntnisse über Trauma auf, die sich ergeben, wenn man Studien zu Trauma in Bezug auf die Shoah und Studien, die sich auf Trauma in indigenen Communities der Amerikas fokussieren, betrachtet. Unbearbeitete Traumata sind intergenerational kumulativ und es kann zu verschärften Gesundheitsproblemen in Folgegenerationen der Community kommen (Solomon et al. 1988; Brave Heart 1999, in Duran et al. 1998, S. 342).

Die Aktivistin Sherri Mitchell[10] setzt sich in der globalen Bewegung transformativen Wandels für indigene Rechte und Umweltgerechtigkeit ein. Die transgenerationale Weitergabe von Traumata begründet sie unter anderem damit, dass der Schmerz, der zuweilen so groß ist, dass er das Fassungsvermögen einer Generation sprengt, verdrängt wird und in unterschiedlichen Formen auf die nächste Generation übertragen wird (Mitchell 2020, S. 92). Verwundungen, die aufgrund von Diskriminierungserfahrungen entstehen, betreffen oft nicht nur Individuen, sondern erinnern immer aufs Neue die ganze Community daran, dass sie aufgrund ihrer Identität gefährdet ist.

> *Täglich in den Nachrichten... waren bestimmt Ausländer, sagt Oma ...auf dem Boden ... Gedemütigt ... zu Unrecht vor Gericht mit Polizist*innen die füreinander falsch aussagen... ich hätte diese Person sein können ...fünfhundert Tote... von Nazis bedroht... Deutschland... wir müssen mehr abschieben ...Schwarze Körper...im Meer... Verge********* ...als Kriegswaffe ... ausgehungert, ausgestorben, verseucht... er wartet täglich auf ein Lebenszeichen... Sudan, Gaza, Kongo, Ukraine. In jeder verdammten S e k u n d e. überall. Allzu reale Phantomschmerzen. Es wird enger. Vorsichtshalber packe ich einen Rucksack. Reiseziel unbekannt. Ich will keine Nachrichten mehr hören. Ich sollte Nachrichten hören.*

Die ›kulturellen Erblasten‹, zu denen Natalie Y. Gutiérrez Rassismus, Patriarchat, Materialismus und Individualismus[11] zählt, wirken sich auf die gesamte Gesellschaft aus (Gutiérrez 2022, S. 23 ff.). Eine Gesellschaft, deren Verwundung sich nicht zuletzt in der weit verbreiteten Hoffnungs- und Aussichtslosigkeit und Resignation zeigt, die grundlegend verändernde Alternativen und Transformation stark erschweren (Brand & Wissen 2017, S. 170; Fraser in Demirović 2022, 04:55)[12]. Das *Phasenmodell für kollektive Traumata* von Kellermann (2007, in Dunkel 2021, S. 220) geht davon aus, dass die Auswirkungen von Traumata noch über Jahrhunderte nach dem Ereignis auf betroffene Generationen und Personen

[10] Mitchells Penobscot-Name ist *Weh'na Ha'mu' Kwasset* – ›Die das Licht bringt‹. Die Penobscot gehören zu den Wabanaki-Gesellschaften, deren Land in Nord-West ›USA‹ liegt.

[11] Die letzteren zwei würde ich als Aspekte von Kapitalismus beschreiben.

[12] Nach dem Scheitern des Realsozialismus fehle es an glaubwürdigen Alternativen, so zitiert Demirović Nancy Fraser. Die utopischen Energien hätten sich erschöpft. Es gäbe keine fortschrittliche Version für eine gerechte Gesellschaftsordnung (Demirović 2022, 04:55–05:40).

Einfluss ausüben. Damit könnte man von Auswirkungen *kollektiver Traumata* auf die Menschheitsgeschichte sprechen. Mitchell (2020) macht in ihrem Buch immer wieder deutlich, wie der Planet und die ganze Menschheit unter der in Europa entstandenen und mit dem Kolonialismus großen Teilen der Welt aufgezwungenen (selbst-)zerstörerischen Lebensweise leiden.

Kollektive und transgenerationale Verletzungen lassen sich auch in vorangegangenen Generationen derjenigen finden, die (hoch)privilegiert seit langem von der Ausbeutung anderer leben. In vielen Familien gibt es wohl beides: Vorfahren, die viel Schuld auf sich geladen haben und Vorfahren, die viel Gewalt und Unterdrückung erlitten haben. Sich aktiv schuldig zu machen oder untätig bei der Unterdrückung anderer zuzuschauen und davon zu profitieren verlange Menschen zumindest eine Verrohung und Entmenschlichung ab, so schreibt Aimé Césaire bereits 1950 (Césaire 2021, S. 32 f.). Es ist schwer, nur ›den Anderen‹ gegenüber zu verrohen und sie zu misshandeln und nicht bald auch seinen Nächsten und seinen Liebsten Gewalt zuzufügen. Ein Großteil der *weißen* deutschen Gesellschaft ist von den Bombenangriffen während des sogenannten zweiten Weltkrieges oder der Flucht aus zum Beispiel polnischen Gebieten, die ihre Eltern oder Großeltern erlebt haben, geprägt aber auch von den Gräueltaten, die ihre Vorfahren dort und überall auf der Welt verübt haben. Letztere Realität zu benennen, löst in Deutschland nicht selten Empörung aus. So etwa, als Sinthujan Varatharas und Mosthari Hilal 2021 in den sozialen Medien den Begriff der ›Menschen mit Nazihintergrund‹ als Pendant zur stigmatisierenden Fremdbezeichnung der ›Menschen mit Migrationshintergrund‹ vorschlugen. Die Zustimmung seitens Migrantisierter (und Allies) ging viral – viele *weiße* Menschen in Zeitungen oder Kommentarspalten empörten sich jedoch über diesen ›Angriff‹, denn in *weiß-* deutschen Familien werden vor allem Opfer- oder Helfer*innen Geschichten der Vorfahr*innen erinnert oder imaginiert, selten nur Geschichten der Täter*innenschaft. Deutlich mehr Deutsche denken, dass ihre Vorfahren Opfern geholfen haben oder selbst Opfer waren als dies der Fall ist (Hensel 2018; Mendel 2021). Sie gehen zudem von weitaus mehr deutschem Widerstand aus, als es tatsächlich gab. Studien belegen, wie viel mehr Täter*innen existierten, als weithin geglaubt (ebd.).

All diese Realitätsverdrehungen haben frühe Auswirkungen auf *weiße* Kinder. Jule Bönkost (2016, S. 6 f.) bespricht in ihrem Paper die Erziehung von Kindern zum *weiß*-sein als Verwundungserfahrung, um deutlich zu machen, dass auch *weiße* Menschen ein persönliches Interesse daran haben können bzw. sollten, Rassismus abzubauen. Matias und DiAngelo bezeichnen die Erziehung zum *weiß*-sein mit Rückgriff auf Paulo Freire als eine Form der Entmenschlichung und emotionale Störung der *weißen* Psyche (Freire 1993, in Matias & DiAngelo

2013, S. 17). Als emotionale Narbe würde jede Erinnerung an das verdrängte Trauma des *weißen* Rassifizierungsprozesses Schamgefühle auslösen (Matias 2014, S. 143, in Bönkost 2016, S. 6). Eine frühe traumatische Erfahrung erleben *weiße* Kinder also, wenn ihnen ein Gerechtigkeitsempfinden abgesprochen und aberzogen wird und sie erfahren, dass sie an ihren (relativ) privilegierten Ort zurückverwiesen werden oder ihnen ein Ausschluss aus der *weißen* Gemeinschaft droht, wenn sie Rassismus als ungerecht benennen.

Es geht mir hier nicht darum, Erfahrungen zu vergleichen oder gar gleich zu machen. Es geht mir darum zu zeigen, dass sich Strukturen der Unterdrückung auf die ganze Gesellschaft auswirken – auf die Privilegierteren und die weniger Privilegierten. Wir können die Strukturen nicht dekonstruieren, wenn wir nicht alle Auswirkungen von Macht und Unterdrückungsstrukturen und die damit einhergehenden, unterschiedlichen aber in Verbindung stehenden psychosozialen Folgen verstehen und in politisierte Heilungsbestrebungen einbeziehen.

Wenn traumatisierende Grundbedingungen nicht abgeschlossen sind, sondern in Form von gesellschaftlichen Strukturen der Unterdrückung fortlaufend das Leben von Betroffenen beeinflussen, kann dies nach Natalie Y. Gutiérrez (2022, S. 4/70) zu einer *Complex Posttraumatic Stress Disorder* (CPTSD) führen. Gutiérrez beschreibt CPTSD als Folge eines stetigen toxischen Stresses, den manche BIPoC, die wiederholt traumatisiert sind, durch Rassismus, Armut, sexualisierte Belästigung und Gewalt erleben. Für transgenerationale Traumatisierung gilt wie auch für andere Traumata, dass Leidenszustände als»normale Reaktion auf ein abnormales Ereignis« begriffen werden sollten (Ottomeyer und Lackner, S. 60, in Dunkel 2021, S. 222), Traumareaktionen also nicht ›unnormal‹ oder ›krankhaft‹ sind. Der Fokus sollte also nicht auf der ›Krankheit‹ oder ›Störung‹ liegen, sondern darauf, dass diese ›unnormalen Ereignisse‹ nicht wieder passieren und Menschen sich von der Verwundung erholen können.

Einen ersten kritischen Blick auf eurozentrische Verständnisse von Trauma habe ich 2022 entwickelt, als ich die Arbeit der Theater Gruppe *Basta Theater* aus Palästina kennenlernte. Deren Präsentation der Dokumentation von *Room 26*, einem interaktiven Street-Theaterstück hat mich zum ersten Mal erkennen lassen, dass in mir bis dato bekannten Verständnissen von Trauma einige Perspektiven fehlen. Im eurozentrischen Verständnis von Traumaheilung wird davon ausgegangen, dass eine traumatische Situation verlassen werden kann oder bereits in der Vergangenheit liegt. All dies ist nicht der Fall, wenn traumatische Erfahrungen eng mit Diskriminierungs- und Unterdrückungserfahrungen in Verbindung stehen und aus gesellschaftlichen Strukturen schwerlich ›ausgestiegen‹ werden kann. Solange gewaltvolle Strukturen, Institutionen und Verhaltensweisen aufrechterhalten bleiben, hören verletzende Situationen und Retraumatisierungsgefahren nicht auf. In akut traumatischen Situationen ist es für intersektional Diskriminierte zudem oft deutlich schwerer, eine Situation zu verlassen und dabei von bestehenden Systemen unterstützt zu werden, wie in Kapitel zwei bereits beleuchtet wurde. Im Podcast *Her mit dem schönen Leben* (In Sicherheit? Feministische Perspektiven auf Abolitionismus und Polizeikritik 5.03.2023) beschreiben die Sprecher*innen, wie ein *weißer* Strafrechtsfeminismus, der mehr Handlungsmacht/-gewalt und Ressourcen für Gerichte, Polizei und den Gefängnisapparat einfordert, um gegen sexualisierte Gewalt vorzugehen, intersektional Diskriminierte nicht mitdenkt. Die Lebensrealität von Menschen mit (mehrfacher) Diskriminierungserfahrung in einer Dominanzgesellschaft, die auf Unterdrückung begründet ist, bedeutet, die Wunden vieler Generationen (und) der eigenen Communities zu tragen, durch Mikroagressionen und aufgrund der Kontinuitäten historisch gewachsener Unterdrückung eine tägliche Erinnerung und Reinszenierung der Gewalt zu erleben.

Die transgenerationale und fortlaufende Communityerfahrung von Trauma ist hier unter anderem auch mit den Worten aus dominanten Klassifizierungssystemen erklärt worden. Einige der angeführten Texte arbeiten mit diesen Systemen, möglicherweise um eine breitere Anerkennung marginalisierter Verwundungserfahrungen in dominanten Systemen der psychosozialen Gesundheitsversorgung zu erzielen. Andere Texte stehen dem kritisch gegenüber und weitere auch im Folgenden angeführte Autor*innen verzichten in ihren Texten auf Klassifizierungen und Diagnosen.

Mit dem hier beschriebenen erweiterten Verständnis von Trauma als transgenerationaler Communityerfahrung, die nicht zuletzt durch strukturelle Gewalt produziert und aufrechterhalten wird, muss von einer enormen Reichweite von Traumaerfahrungen ausgegangen werden. Dabei gibt es einen Unterschied zwischen Gesellschaften, die von Unterdrückung, Besatzung, Diktaturen, stetigen Angriffen von außen und massiver, alltäglicher Gewalt betroffen sind und Gesellschaften wie Deutschland, in denen eine Mehrheit der Gesellschaft einen (relativ) guten Schutz vor körperlicher Gewalt genießt. Das ICD-Klassifizierungssystem will Krankheiten weltweit vergleichbar machen, missachtet aber die Realitäten ganzer Bevölkerungsgruppen und Gesellschaften, in denen ein viel höheres Maß an Gewalt als Folge von Kolonialisierung, fortlaufender Ausbeutung und Armut einen Alltag für viele darstellt.

Durch diese Perspektiven, die den Traumabegriff gewissermaßen erweitern, werden Traumaerfahrungen weniger zu einer Normabweichung, die einer Klassifizierung bedarf. Trauma wird dann nicht als Diagnose verstanden, die man vereinzelt – beziehungsweise vereinzelnd – vergeben könnte und auch eine Erweiterung des ICD, etwa durch Ergänzung des transgenerationalen Traumas, kann nicht das Ziel sein. Gleichzeitig soll es bei einer Kritik an Klassifizierungslogiken nicht darum gehen, dass unterschiedliche Erfahrungen letztlich ›gleichgemacht‹ werden. Traumareaktionen unterscheiden sich selbstverständlich unter anderem in Intensität und Ausdruck: Flashbacks, Dissoziation und weitere starke Traumafolgen sind zum Beispiel sehr drastische Realitäten, mit denen nicht alle traumaerfahrenen Menschen gleichermaßen einen Umgang finden müssen. Diese Erfahrungen und das damit verbundene Leid soll nicht unsichtbar gemacht werden. Doch ein struktureller Blick, der auch traumatische, transgenerationale Communityerfahrungen als tiefe Verwundungen anerkennt, legt den Fokus eher auf die Frage nach Ursachen der nicht enden wollenden schmerzhaften Erfahrungen und somit rückt die Notwendigkeit der Veränderung von Strukturen in den Vordergrund (Abbildung 3.3).

»Your pain makes sense. You make sense.«

(Natalie Y. Gutiérrez 2022, S. 7)

Abbildung 3.3 MehrTränen. Digitale Illustration. R. Goltz. 08/2023

3.1.5 Machtverwundungen, Ohnmachtsgefühle und Machtlosigkeit

Vanessa Jackson[13] beschreibt in ihrem Paper (2017) Verletzungen, die Individuen oder Communities durch Individuen, Gruppen oder Gesellschaft erfahren

[13] Vanessa Jackson ist *Soul Doula*, Sozialarbeiterin und hat eine Leidenschaft, für Individuen und Communities Räume der Heilung und Unterstützung zu kreieren, um Kraft/Macht und Authentizität (wieder-)herzustellen. Jackson ist eine Schwarze in den USA lebende Frau (Jackson 2023).

können als *Powerwoundings, also* ›Machtverwundungen‹. Machtverwundungen beinhalten einen gewaltvollen Eingriff oder eine Begrenzung des Machtbereiches von Menschen mit der Folge von ›realer Machtlosigkeit‹ und Gefühlen der Ohnmacht. Unter diesem Machtbereich verstehe ich allgemeiner die Menschenrechte, die in der Theorie allen Menschen zustehen. Spezifischer betrachtet, beinhaltet der Machtbereich das individuelle Verständnis und die Deutungshoheit darüber, was als Verletzung wahrgenommen wird (Jackson 2017, S. 56 ff.). Jackson zitiert Lerner, der zwischen einer ›realen Machtlosigkeit‹ (*real powerlessness*), und einer ›überschüssigen Ohnmacht/Machtlosigkeit‹ (*surplus powerlessness*) unterscheidet. Eine reale Machtlosigkeit beinhaltet wirtschaftliche, politische und soziale Ungleichheiten und hindert Menschen auf individueller oder auf sozialer Basis daran, eigene Fähigkeiten zu verwirklichen (Lerner 1991, S. 23, in Jackson 2017, S. 56). Mit überschüssiger Ohnmacht beschreibt Lerner einen Zustand, in dem sich ein Teil dieser Machtlosigkeit durch die (u. a. durch Diskriminierungserfahrungen entstandene) emotionale, intellektuelle und spirituelle Verfassung der Individuen speist. Diese Verfassung könne dann daran hindern, (Handlungs-)Möglichkeiten zur Verwirklichung eigener Wünsche und Ziele, die neben der realen Machtlosigkeit eigentlich noch bestehen, zu sehen (ebd., in Jackson 2017, S. 56). Das Konzept der überschüssigen Ohnmacht dürfe nicht zu einer Opferbeschuldigung und Individualisierung führen und müsse immer im Zusammenhang mit einer klaren Analyse der sozialen, wirtschaftlichen und politischen Hindernisse einer Person oder Gemeinschaft verwendet werden. Die reale Machtlosigkeit, also das Ergebnis wirtschaftlicher, politischer oder sozialer Ordnungen, kann das Gefühl Einzelner oder der Community für die eigene Wirksamkeit beeinträchtigen und zu überschüssiger Ohnmacht führen (Jackson 2017, S. 57). Der Umgang mit realer und überschüssiger Ohnmacht bräuchte dementsprechend unterschiedliche Herangehensweisen.

Machtverwundung definiert Jackson (2017, S. 57) als eine Erfahrung, die emotional, körperlich, spirituell, finanziell oder sexuell sein, und die zu einer erheblichen Beeinträchtigung der Handlungsfähigkeit eines Individuums oder einer Community führen kann. Eine Beeinträchtigung, die es erschwert auf die selbst bevorzugte Weise zu agieren. Die Schwere, Intensität oder Chronizität der Verletzung wirke sich auf die Fähigkeit des Individuums oder der Community, zu agieren und zu heilen, aus. Jackson, die den Begriff der Machtverwundung mit Klient*innen zusammen entwickelt hat, beschreibt, wie dieser Begriff es ihnen erleichtert, über Erfahrungen zu sprechen und dass der Umgang mit den Erfahrungen durch diesen Begriff eher als fortlaufender Prozess und weniger statisch wahrgenommen werden kann. Dies steht im Gegensatz zu Gefühlen der ›Lähmung‹, dem Eingeschlossensein und der Machtlosigkeit, der Wahrnehmung einer unveränderlichen Identität, fixierten Haltung der Passivität und Hoffnungslosigkeit, die in der Diagnostik oft durch den Begriff des Traumas oder der Diagnose *PTBS* (Posttraumatische Belastungsstörung) in Gang gesetzt würden, so Jackson (2017, S. 57 f.). Ein herkömmliches Traumaverständnis habe auch die Tendenz, externe Kräfte (einzelne Täter*innen oder größere Systeme) zu ignorieren, die bei der Entstehung der Machtwunde mitwirken (ebd., S. 58). Individualisierung und Symptomfixierung ohne Ursachensuche können die Fähigkeit behindern, kollektive Strategien zu identifizieren und umzusetzen, um Situationen zu verändern oder zumindest den verletzenden Charakter von Politiken und Praktiken hervorzuheben (ebd., S. 58). Ich schreibe im Folgenden lieber von ›Wunden‹ und ›Machtverwundung‹, da ich hierin, wie auch Jackson es bespricht, bereits eine selbstermächtigende Bewegung hin zur Heilung erlebe.

3.1.6 Entfremdung und Vereinzelung

In Schwarzen Deutschen Communities beschreiben Individuen seit langem die schmerzhaften Erfahrungen von Vereinzelung und Isolationsgefühlen, besonders vor Beginn des eigenen Politisierungsprozesses (Ayim et al. 1986). Aus eigener Erfahrung interessiert mich dieses Phänomen, was erst nach seiner Auflösung wichtige Zugänge zu verbundenen Prozessen von Heilung ermöglicht. In diesem Zusammenhang beschäftigt mich schon länger die Theorie hinter der ›Radikalen Therapie‹ (RT), auf die ich an verschiedenen klima- und links-aktivistischen Orten gestoßen bin. Als ein machtkritisches, positionierungssensibles und selbstorganisiertes Gruppentherapie- oder Heilungsverfahren entstand sie in der niederländischen und deutschen Frauenbewegung der 1970er Jahre. Die *Entfremdungstheorie*[14] als eine Grundlage der radikalen Therapie stelle ich hier als eine Möglichkeit, psychosoziales Leid zu verstehen, vor.

[14] Ursprünglich ist ›Entfremdung‹ ein philosophisch-marxistischer Begriff, der das Unvermögen der arbeitenden Klasse ausdrückt, sich (aufgrund kapitalistischer Bedingungen) selbst zu verwirklichen. Zudem umfasst er die damit einhergehende Entfremdung gegenüber der eigenen Arbeitskraft, dem Produkt der eigenen Tätigkeit und der eigenen gesellschaftlichen Umwelt. Entfremdung wird heute auch allgemeiner als Bezeichnung für »(politische) Machtlosigkeit, (gesellschaftliche) Orientierungs- und Normenlosigkeit bzw. (persönliche) Unzufriedenheit und Distanzierung (z. B. gegenüber dem politischen System) verwendet.« (Schubert & Klein 2020).

Die von Claude Steiner beschriebene Entfremdungstheorie geht von bestimmten menschlichen Potentialen (*sources of power*) aus. Diese sind»die grundsätzlichen Fähigkeiten zur Liebe, zum Denken, zur Verbundenheit mit Körper und Emotionen sowie – angelehnt an Marx – (…) die Fähigkeit zur Arbeit im Sinne einer lustvoll-kreativen Produktivität« (Steiner 1994, 2001 in Althöfer 2017, S. 50). Prozesse bei Menschen, den Kontakt zu diesen Potentialen verlieren, und den daraus folgenden Zustand, beschreibt Steiner (in Althöfer 2017, S. 51) als Entfremdung. Aufgrund von gesellschaftlichen Prozessen der ›Verschleierung‹, welche die vielfältigen Mechanismen, die zur Aufrechterhaltung von Macht- und Herrschaftsstrukturen beitragen, beinhalten, kann es Betroffenen erschwert werden, ihre Entfremdung und Unterdrückung überhaupt als solche wahrzunehmen und zu benennen. Dies führe schließlich oft zu Ohnmacht und Resignation oder dem Gefühl falsch zu sein (Althöfer 2017, S. 51 f.). Als besondere Form der Entfremdung galten im Ursprung der RT vor allem stereotype Geschlechterrollen. Unterdrückung kann hier jedoch sehr breit verstanden werden und sowohl Diskriminierungsformen als auch individuelle oder institutionelle Erfahrungen von Machtmissbrauch durch bekannte oder unbekannte Menschen umfassen.

Hier kann ein Bogen zu Vanessa Jacksons Machtverwundungen (2017) geschlagen werden. Das bei Jackson zitierte Konzept der überschüssigen Ohnmacht bzw. Machtlosigkeit kann mit den Prozessen der Verschleierung verlinkt werden: Personen können die Strukturen, die zu ihrer Unterdrückung führen durch Verschleierung nicht (mehr) erkennen und so auch nicht zwischen der realen Machtlosigkeit und der überschüssigen Ohnmacht unterscheiden. Das erschwert es, die eigene Situation zu verändern. Wenn das Gefühl entsteht, an dem eigenen (durch Unterdrückung ausgelösten) Leid, für Gefühle der Aussichtslosigkeit und Ohnmacht schuld zu sein, können diese Schuld- und Schamgefühle dazu führen, dass Menschen sich zurückziehen und ein kritischer Blick auf strukturelle Ursachen der leidvollen Situation zunehmend erschwert wird. Wenn wir nicht erlernt haben, über Macht zu sprechen, können auch schwer Worte für die eigenen Unterdrückungserfahrungen oder Machtverwundungen gefunden werden und Gefühle wie Scham oder andere Barrieren führen dazu, dass das erfahrene Leid unbesprechbar[15] wird, so Steiner (1994, in Althöfer 2017, S. 52). Daher sei es auch kaum möglich, dass ähnlich Betroffene zusammenkommen und im Austausch von Erfahrungen merken, dass sie mit ihrer Erfahrung nicht alleine sind. Zu den Individualisierungstendenzen der eurozentrisch geprägten Gesellschaft

[15] Grada Kilomba schreibt in *plantation memories* (2020, S. 20) von den *unspeakable truths* (den unsagbaren Wahrheiten) und führt Toni Morrison an, die Rassismus und Kolonialismus in der Gesellschaft als das *dirty secret* (schmutziges Geheimnis) verhandelt sieht.

komme nun also noch ›Isolation‹ als Folge der Verschleierung hinzu, welche die Leidenssymptome noch verfestigt (ebd.).

In den afro-deutschen Communities wird seit langem die Erfahrung der Vereinzelung beschrieben (Ayim et al. [1986] 2020). Besonders vor der eigenen Politisierung lebten die Schwarzen Autor*innen des Buches *Farbe bekennen. Afro-deutsche Frauen auf den Spuren ihrer Geschichte,* isoliert in *weiß* dominierten Familien, Umfeldern, Beziehungen, in der *weißen* Dominanzgesellschaft (ebd.). Der Zugang zu den eigenen Potentialen und der eigenen Macht, die bei Steiner als Selbstwirksamkeit und Selbstverwirklichungsfähigkeit beschrieben wird, kann durch die Entfremdung immer weniger und oft nur durch Ersatzbefriedigungen gestillt werden (Steiner 1994, in Althöfer 2017, S. 52). Hier meint Steiner unter anderem ›dekonstruktive Machtspiele‹ und die Suche nach Befriedigung in der Ausübung von Macht über andere (ebd.).

> »Powerlessness thrives in environments of isolation, silence, shame, and confusion«[16] (Jackson 2017, S. 60)

Duran et al. (1998, S. 346) beschreiben ›chronische und akute‹ Reaktionen auf den Kolonialismus in Native American Communities. Entgegen der Symptomfokussierungen in standardisierten Klassifizierungen und Diagnosen richten sie den Blick auf Kolonialismus als zentralen Auslöser des heutigen Zustandes und der psychosozialen Herausforderungen Kolonialisierter und ihrer Nachfahren. Es ist ihnen wichtig, Markierungen (*labeling*) und Diagnosen als machtvolle Methode der Individualisierung zu verstehen, die zu einer Invalidierung der Schmerzen und des Leides, welches direkt mit den Jahrzehnten des Genozids verbunden ist, beiträgt.

Als unterdrückerische Symptome der eurozentrischen Systeme psychosozialer Gesundheitsversorgung erkenne ich einige Praktiken, die Individualisierungs- und Isolationsprozesse begünstigen, anstatt ihnen entgegenzuwirken. Beispielsweise gibt es in Deutschland keine kassenfinanzierte Paar- und Familientherapie sowie wenig (konzeptuell ausgereifte) gruppentherapeutische Angebote[17], die nicht vordergründig den Anschein machen, dass hierdurch finanzielle Ressourcen gespart werden. Es bräuchte sowohl professionelle als auch selbstorganisierte Räume, in denen Konflikt und Aushandlung, verbundenes Miteinander und füreinander da sein (wieder-)erlernt werden können. Für Familien, für Gruppen, für

[16] »Ohnmacht gedeiht in einem Umfeld von Isolation, Schweigen, Scham und Verwirrung.«

[17] Allein in der systemischen Therapie können Personen des ›Systems‹ der jeweiligen Klient*in Teil einzelner Sitzungen sein.

freund*innenschaftliche und romantische Beziehungen. Dominante Systeme vernachlässigen unsere Fähigkeiten, uns miteinander umeinander zu sorgen. Ich sehe eine Gefahr darin, dass die durch Individualisierung begünstigte Vorstellung, ›alleine klarkommen‹ zu müssen oder die Sorge, ›zu viel zu sein‹ dazu führen, dass sich nur noch im Therapieraum gezeigt und ›zugemutet‹ werden kann. Aufgrund der Gefahr, dass Menschen gewissermaßen verlernen, sich in ›echten‹ Begegnungen und Beziehungen (ohne Dienstleistungscharakter) zu öffnen und dadurch den Zugriff auf eigene Heilungsfähigkeiten, Ressourcen und die eigenen Fähigkeiten, andere zu unterstützen, zu verlieren, bräuchte es auch mehr selbstorganisierte Räume und Zeit für Beziehungen, in denen wir all das gemeinsam üben. Ich würde hier in Anteilen sogar von Tendenzen einer *Inwertsetzung*[18] von Beziehung als ›Bezahlte Freund*innenschaft‹[19] in den Professionen psychosozialer Gesundheitsversorgung, und besonders in der (Psycho-)Therapie, sprechen.

3.1.7 Getrennt sein

Mit *getrennt sein* beschreibe ich einen Zustand, der sich auf unterschiedliche Beziehungen anwenden lässt. Abgetrennt zu sein, isoliert, entzweit, allein zu sein, ist eine schmerzhafte Erfahrung. Wir machen diese Erfahrung in uns selbst, in Einzelbeziehungen, in unseren Familien, in Gruppen, selbst in unseren Communities zuweilen und besonders in der Gesellschaft.

Meiner Erfahrung nach gestalten sich Verletzungserfahrungen in der Beziehung zu einer Gruppe teilweise anders als in Einzelbeziehungen. Prozesse der Entfremdung und Verschleierung machen es hier schwerer, die Verwundungserfahrung zu verstehen und zu heilen. Es gibt, anders als in Einzelbeziehungen, kein greifbares Gegenüber, mit dem Heilungs- und Aushandlungsprozesse möglich sind, indem beispielsweise eine (nachträgliche) Verantwortungsübernahme stattfindet. Zwischen Individuum und Gruppe gibt es eine größere Distanz als in Zweierbeziehungen. Zudem begünstigen Gruppen Dynamiken des Ausschlusses, weil hier oft Gruppennormen und daran geknüpfte Praktiken ihrer Aufrechterhaltung entstehen, welche Macht über ihre Mitglieder ausüben.

[18] ›Inwertsetzung‹ beziehungsweise ›Landnahme‹ ist ein Moment in der kapitalistischen Produktionsweise, in welchem bislang nicht kapitalisierte Teile,»Regionen, Länder, gesellschaftliche Bereiche wie soziale und physische Infrastrukturen sowie menschliche Bedürfnisse und Tätigkeiten« (Brand & Wissen 2017, S. 52 f.) in das System eingehegt werden.

[19] In dem Film *All eure Gesichter* (2023), der sich mit ›Restorative Justice‹ (RJ) beschäftigt, nutzt eine RJ-Trainerin diesen Ausdruck.

Mitchell kritisiert auch Formen des Machtgebrauchs in Gruppenentscheidungsprozessen, wie sie in westlichen Gesellschaften gängig sind. Wenn Gruppen zum Beispiel nach dem Mehrheitsprinzip und nicht nach dem Konsensprinzip entscheiden, ist die Wahrscheinlichkeit sehr hoch, dass die Meinungen, Interessen, Bedürfnisse und Befindlichkeiten vieler Menschen nicht berücksichtigt werden, so Mitchell (2020, S. 126). Entgegen der weitverbreiteten Annahme, dass Entscheidungsprozesse in westlichen Demokratien allen Bürger*innen gleichberechtigte Mitbestimmungschancen geben, zeigt Frasers Analyse zudem, dass die Aushandlung von Bedürfnissen immer vermachtet ist (Fraser 1994, S. 249–274). Nicht alle Stimmen finden gleichermaßen Gehör. Macht- und Unterdrückungsstrukturen, zum Beispiel in Form von epistemischer Gewalt, erschweren oder verunmöglichen es manchen strukturell, ihre Bedürfnisse in Gruppen, Gemeinschaften und in der Gesellschaft zu artikulieren und dafür zu sorgen, dass sie anerkannt und berücksichtigt werden.

Ich habe in Gruppen und Gemeinschaften Dynamiken von Ausschluss und Abwertung beobachtet, die nicht nur zur Abgrenzung der Gruppe nach außen, sondern letztlich auch zur Trennung der Mitglieder untereinander führten. Dogmen, umfassende Regelwerke, Wahrheitsansprüche aber auch enge Weltbilder konstruieren ein ›Wir‹ und ›die Anderen‹, was nicht zuletzt Verbundenheitsgefühle einer Gruppe fördern soll und es auch teilweise tut, da dies vor allem in Gründungs- und Krisenzeiten Stabilität und Orientierung herstellt. Wenn dadurch andere Bedürfnisse und Wahrheiten aber nicht mehr sein dürfen, weil sie das ›Wir‹ tatsächlich oder scheinbar bedrohen, dann ist es sehr wahrscheinlich, dass einige Menschen entweder ihre Abweichungen zu verstecken versuchen und damit einen Teil von sich verneinen, unterdrücken und sich selbst Schaden zufügen oder andere, die diese Abweichungen nicht verstecken können oder wollen, in Konflikt mit der Gruppe geraten. Von einer Gruppe, der man sich zugehörig fühlt, abgetrennt zu werden, ist sehr schmerzhaft. Dogmen können so stark sein, dass sie den ehrlichen, direkten Kontakt zwischen Menschen verhindern, denn wenn jede Abweichung für Individuen die Gefahr des (teilweisen) Ausschlusses bedeutet, können sie nur schwerlich noch sie selbst, authentisch und angstfrei im Kontakt mit anderen sein. Wenn der Kontakt untereinander verloren geht, nur die Angst (vor dem Ausschluss) und Dogmen, die ein homogenes ›Wir‹ konstruieren, eine Gruppe noch zusammenhalten, dann können die Individuen nicht mehr frei sein und die Trennung, die erst nur nach außen vollzogen wurde, greift auch in der Gemeinschaft um sich. Wenn ein authentischer Kontakt untereinander verloren geht, passiert es leicht, dass Individuen zum Beispiel den Ausschluss oder die Abwertung Einzelner mittragen. Personen verlernen dann,

Verantwortung in den Beziehungen zu anderen Gruppenmitgliedern zu übernehmen. Die Verantwortung für problematische Ausschlussmechanismen wird dann auf die Gruppe verschoben und für die vom Ausschluss oder Abwertung betroffene Person wird eine Aushandlung kaum noch möglich.

Wer übernimmt freiwillig die Verantwortung, wenn ›irgendwie alle‹ sich ein bisschen an der Ungerechtigkeit beteiligt haben? Selbst wenn eine Person sich als Stellvertreter*in bereit erklärt, Verantwortung zu übernehmen, kann es sein, dass das nicht ausreicht und Gefühle der Unsicherheit und des Misstrauens nicht enden, da die Verletzung schließlich durch ›alle ein bisschen‹ als Gesamtheit verursacht wurde. Wenn in der Gemeinschaft reale Machtstrukturen und Dynamiken des Ausschlusses (fort)bestehen, erschwert das eine Konfrontation, einen offenen Austausch und Heilung. Diese Beobachtungen habe ich sowohl in Gemeinschaften, Communities und auch in der deutschen Gesellschaft gemacht. In der Gesellschaft sind es strukturell gefestigte Regelwerke und Differenzlinien, die zum Ausschluss und der Abwertung von ganzen Communities führen.

Sherry Mitchell beschreibt sehr bildlich, drastisch und mit einem spirituell informierten Blick:

> »Der Mythos der Getrenntheit ist der Kern der Lügen, mit denen wir gefüttert wurden, und er stützt alle Machtstrukturen, die wir geschaffen haben. Diese Illusion lässt uns vergessen, dass wir miteinander und mit einem göttlichen Ursprung verbunden sind, der durch uns verkörpert und in der Welt um uns realisiert wird. Wenn wir diese Wahrheit vergessen und die Lüge annehmen, wird dadurch ermöglicht, miteinander Krieg zu führen – und in uns selbst Krieg zu führen.« (Mitchell 2020, S.80)

Die durch die Kolonisatoren der Welt aufgedrückte Idee des Getrenntseins lässt sich kaum aus unserer Welt wegdenken, so Mitchell weiter (2020, S. 40 ff.). Wir kategorisieren, stecken in Schubladen, stellen gegenüber und grenzen uns ab. Die menschliche Spezies hat nicht überlebt, weil sie gelernt hat sich voneinander abzugrenzen und gegeneinander in den Krieg zu ziehen, sondern weil sie kommunizieren, kooperieren und gemeinschaftlich leben lernte, so Mitchell weiter (ebd. S. 81). Binäres Denken, Entfremdung, Individualisierung, Vereinzelung und Isolation sind Folgen des Getrenntsein-Gedankens. Dieser Gedanke, oder Mythos, wie Mitchell hier schreibt, ist ein mächtiges Werkzeug, was den Herrschenden zugutekommt. Wenn alle Unterdrückten voneinander getrennt werden, können

Kämpfe unter ihnen leichter befeuert und der Blick auf das eigentliche Übel verschleiert werden. Tokenism[20], Colorism oder die Erzählung, dass es nicht für alle reicht, sind zum Beispiel Dynamiken des ›Teile-und-herrsche-Prinzips‹, welche marginalisierte Communities immer wieder in Konkurrenzkämpfe verwickeln. In von mehrfach Privilegierten dominierten Massenmedien (ebd. S. 83 ff.) wird das Teile-und-herrsche-Prinzip oftmals besonders vorangetrieben (Tempest 2021, S. 73–75). Marginalisierte Gruppen werden darin gegeneinander ausgespielt, in dem etwa vorgegeben wird, besonders um das Wohl einer marginalisierten Community besorgt zu sein und dann die Übeltäter und Gefährder*innen dieser Community in einer anderen marginalisierten Community gesucht werden. Konkurrenzkämpfe zwischen marginalisierten Communities sind in Bezug auf den unsolidarischen und auf Ausbeutung beruhenden Wohlstand des Westens natürlich nachvollziehbar. Aber um Anerkennung und Gerechtigkeit, die grundsätzlich keine begrenzten Güter sind, sollten marginalisierte Communities nicht miteinander konkurrieren.

Der Gedanke des Getrenntseins vermittelt zudem die Vorstellung, alleine und unabhängig von anderen Menschen ›klarkommen‹ zu können und es also auch zu müssen. Tritt diese Unwahrscheinlichkeit nicht ein, dann, so meine Wahrnehmung, schämen sich Menschen für ihre ›Unfähigkeit‹ alleine klarzukommen. Diese Scham und die Sorge, ›zu viel zu sein‹ verhindern kraftvolle Zusammenschlüsse, gemeinsames Empowerment und Aktivismus. (Abbildung 3.4).

If we carry intergenerational trauma,
then we also carry intergenerational wisdom.

-Kazu Haga

[20] Tokenism beschreibt eine Praxis, bei der marginalisierte Individuen eine Alibifunktion in einer Gruppe einnehmen. Ihre Anwesenheit und ihre Identität werden zum Beispiel für den Zweck, ein diverses Bild abzugeben, genutzt. Man kann hier auch von ›performativer Diversität‹ sprechen. Bei tokenistischen Praktiken wird Betroffenen letztlich nicht zugehört. Institutionelle und strukturelle Veränderungen bleiben aus.

Abbildung 3.4 Gehalten. Digitale Illustration. R. Goltz. 07/2023

3.2 Ongoing Healing

Welche Verständnisse von (ge)heil(t) sein, gibt es außerhalb der von bestehenden Macht- und Herrschaftsstrukturen beschränkten Möglichkeitsräume? Welche anderen oder neuen Antworten ergeben sich aus einem Verständnis von Gesundheit und Heilung, welches Strukturen der Unterdrückung als Grund für Verletzungen mitdenkt? Wie können wir heilen, wenn die Verletzung von einer

Gruppe oder sogar von der Gesellschaft ausgeht? Was, wenn das Ende der Verletzung nicht absehbar ist? Kann man sich gesund/heil/ganz fühlen, obwohl die verletzende Situation andauert?

Wenn wir davon ausgehen, dass Dynamiken der Entfremdung, Individualisierung und Vereinzelung verhindern, dass sich die durch unterschiedliche Unterdrückungsformen Entmächtigten zusammentun, gegenseitig unterstützen und die nötige Kraft bekommen, um Strukturen der Unterdrückung zu bekämpfen, müssen wir danach fragen, wie Ohnmacht in Macht verwandelt werden, und wie Verbindung entstehen kann. Verbundenheit sowohl zwischen Menschen mit ähnlichen Unterdrückungserfahrungen und zudem eine Verbundenheit über Unterschiede hinweg, um der ›Illusion des Getrenntseins‹, welche Mitchell als zentral im Fortbestand der ›multiplen Krise‹[21] herausstellt (Mitchell 2020, S. 80 f.), etwas entgegenzusetzen.

Sowohl ›Heilung‹ als auch *healing* sind für mich ambivalente Begriffe. Der Heilungsbegriff hat zum Beispiel in ›Heilerziehungspflege‹[22] oder ›Seelenheilkunde‹[23] sehr problematische Vergangenheiten. *Healing* finde ich als Begriff auch in deutschsprachigen, zum Beispiel Schwarzen, Communityräumen. Gleichzeitig sehe ich *healing* in *weiß* dominierten esoterischen Räumen (in Verbindung mit kultureller Aneignung) genutzt, wodurch für mich auch die englische Variante nicht nur positiv konnotiert ist. Ich nutze im Folgenden den deutschen Begriff mit dem Versuch, ihn positiv zu besetzen und um (m)ein politisiertes Verständnis von Heilung in meiner ›Muttersprache‹ besprechbarer zu machen.

3.2.1 Heilung dekolonisieren

Decolonize your soul, ist der Titel des Buches, von Saraswati, die im Roman *Identitti,* ihre Studierenden dazu auffordert, Seele und Verstand zu dekolonisieren (Sanyal 2021, S. 67). ›*Decolonize (it)*‹, als eine Forderung, die auch als

[21] Um nur einige der zusammenhängenden Krisen zu nennen: Die Krise der Abschottung (auch bekannt als ›Flüchtlingskrise‹), die Klimakrise, der ›Rechtsruck‹ in Europa, die Krise des Kapitalismus und alle weiteren daraus folgenden Krisen.

[22] Der Begriff der ›Heilerziehungspflege‹ und die dazugehörige Philosophie werden auch heute (vor allem in anthroposophischen Kreisen) noch verwendet, obgleich be_hinderte Aktivist*innen ihn als paternalistisch, und pathologisierend ablehnen (siehe dazu Krauthausen 2017).

[23] Im Nationalsozialismus wurde der Begriff der ›Seelenheilkunde‹ anstelle von Psychotherapie genutzt. Die Euthanasiemorde stehen hiermit also teilweise in Verbindung.

Titel von Tagungen[24] und Büchern[25] in der Popkultur, auf T-Shirt sowie in den Sozialen Medien zu finden ist. In Bezug auf postkoloniale Theorie (nachzulesen bei Castro Varela & Dhawan 2015) bedeutet das, aufzuzeigen, wie sehr koloniale Strukturen in unserem Denken, Fühlen, unseren Glaubenssätzen, unserem Weltbild und Verständnis von der ›Wahrheit‹ verwurzelt sind und diese zu dekonstruieren. Befreit werden müssten Heilungsverständnisse von kolonialen, rassistischen, patriarchalen und vor allem ableistischen Vorstellungen davon, welche Körper und Psychen ›Mensch genug‹ sind, angemessene und würdige Gesundheitsversorgung zu erhalten (Sharman 2021, S. 46 f.). Duran et. al. (1998, S. 349) benennen mit ›Postkolonialen Therapien‹, Ansätze, welche die Unterschiede und diverse Arten des Lebens zelebrieren, anstatt Menschen miteinander zu vergleichen und Normen zu konstruieren. Die Autoren beschreiben zudem die empowernde Wirkung von Communityräumen und darin genutzten Methoden, die in der Geschichte der Community verankert sind. Sie zitieren eine Studie[26] von Brave Heart-Jordan, die zeigt wie gemeinsame Räume des Teilens von Erfahrungen, zur Vermittlung von Hoffnung, für kollektives Trauern und soziale Unterstützung von Bedeutung sein, und Verbundenheit sowie eine gemeinsame Identifikation herstellen können. Zudem zeigt die Studie, dass Bildung über das historische Trauma zu einem erhöhten Bewusstsein über das Selbige, seine Folgen und die Trauer bezogenen Affekte führte. Das Sich mitteilen und Verstandenwerden führte bei den Beteiligten zu einer großen Entlastung. Ein daraufhin initiierter Heilungs- und Trauerprozess resultierte in einer Reduktion der Auswirkungen von Trauer. Teilnehmende beschrieben die Erfahrung einer positiveren Gruppenidentität und ein zunehmendes *commitment* (dt.: Verpflichtung, Zusage, Engagement) für die weiterführende Heilungsarbeit in Bezug auf Individuum und Gemeinschaft (Breave Heart-Jordan in Duran et. al. 1998, S. 351 f.). Nach Heart-Jordan sollte zunächst die Trauerbewältigung in den Fokus genommen werden, bevor weitere zeremonielle Praktiken den Schmerz der Betroffenen transformieren und in eine kraftvolle lebensbringende Ressource verwandeln können. Teilnehmende des gemeinsamen Heilungsraumes erlebten eine Lebensaufwertung durch verstärkte Gefühle der Bedeutung und Sinnhaftigkeit und eine

---

[24] So zum Beispiel das Online Symposium *Decolonize healing. Queere und Rassismuskritische Perspektiven auf Trauma und Resilienz* 2023 von Rosalinde Leipzig (https://www.rosalinde-leipzig.de).

[25] Z.B. *Decolonising the Mind: the Politics of Language in African Literature* (1986) des kenianischen Schriftstellers und postkolonialen Theoretikers Ngũgĩ wa Thiong'o.

[26] Brave Heart-Jordan, die Angehörige des Oglala Sioux Tribe ist, arbeitete mit einer Gruppe von Lakota Angehörigen.

Befreiung von Symptomen des anhaltenden Neokolonialismus (Armut, Rassismen, Gewaltspiralen u.w.), denen sie durch die dominanten Gesundheitssysteme und deren Gewaltreproduktion, ausgesetzt waren, so Duran et. al. (1998, S. 352). Neben Dekolonisierungsbemühungen in einzelnen Professionen oder in unseren Verständnissen von Heilung und Gesundheit, darf gleichzeitig nicht vergessen werden, dass Dekolonisierung keine Metapher ist, die mit Reformen in einigen Museen, Schulbüchern oder in Teilen des Kulturbetriebs auskommen würde. Dekolonisierung heißt auch ganz praktisch und klar: Rückgabe von gestohlenem Land (Tuck & Yang 2012). Anjali Upadhyay beschreibt die Rückgabe als eine Grundlage für Heilung (Upadhyay 2022, 37:30).

> *Please don't talk to me about decolonization*
> *When you still speakin' in the colonizers' language*
> *See you genocide us*
> *Then you colonize us*
> *See you sterilized us*
> *And now you fetishize us*
> *See you stigmatize us*
> *Then homogenize us*
> *Tryna co-op the movement and gentrify us*
> *I say no*
> *Land back*
> *Please*
> *Stolen*
> *Land*
> *Under*
> *Siege*
> Quechua 101 Land Back Please (2021)
>
> –Bobby Sanchez[27]

[27] Bobby Sanchez ist two-spirit, transgender Dichterin, Rapperin, Musikerin und beschäftigt sich in ihrer Kunst vor allem mit indigener Identität, Gender Identität und Umwelt (-zerstörung). Die Forderung ›Land Back‹ wird von vielen indigenen Aktivist*innen an herrschende koloniale Regierungen (z. B. die USA) formuliert.

3.2.2 Empowerment und Powersharing

Der Empowermentbegriff ist in den letzten Jahren von der Dominanzgesellschaft stark vereinnahmt worden, dabei sehr verkürzt oder verflacht und wird teilweise inflationär benutzt (Rosenstreich 2020, S. 227). Ein vermainstreamtes Verständnis von Empowerment ist häufig depolitisiert und wird neoliberal eher im Sinne einer ›Selbstoptimierung‹ genutzt (Staub-Bernasconi 2014, S. 367). Mit den gleichen individualisierenden Tendenzen, wie sie in psychosozialen Hilfesystemen zu finden sind, wird unter dem Label ›Empowerment‹ die Verantwortung für gesellschaftliche Probleme auf Einzelne verschoben. Dabei ist der Begriff in seinem Ursprung höchst politisch. Da die Geschichte zeigt, dass tiefere politische Veränderungen nicht durch das Wohlwollen und Gerechtigkeitsbestrebungen der Dominanzgesellschaft zu erwarten sind, müssen Veränderungen von Diskriminierten als selbstbewusste und fordernde Akteur*innen selbst erkämpft werden, so Can (2011, S. 245 in Kechaja 2020, S. 2). Empowerment meint»individuelle und kollektive Selbstermächtigung von Menschen mit Diskriminierungserfahrungen« (Kechaja 2020, S. 1) und ergibt sich als eine Notwendigkeit vor dem Hintergrund bestehender Macht- und Unterdrückungsstrukturen. Andrea Torres und Halil Can beschreiben Empowerment als»ein praktisches, theoretisches und politisches Strategie- und Handlungskonzept, das davon ausgeht, dass die Ressourcen und Potenziale jedes einzelnen Menschen der Ausgangs- und Mittelpunkt für individuelle und gesellschaftliche Veränderungen sind.« (2013, S. 27 f.). Insofern sei die Idee des Empowerments als Teil individueller und kollektiver Selbstbemächtigungsprozesse der sozio-politischen Geschichte der Menschheit zu verstehen und damit nichts Neues. Die politische Begriffsbedeutung von ›Empowerment‹ habe sich jedoch als Idee in der Zeit der revolutionären sozialen Bewegungen nach dem Zweiten Weltkrieg,»insbesondere vor dem Hintergrund der Unabhängigkeits- und Befreiungsbewegungen in den kolonisierten Ländern« herauskristallisiert (Torres & Can 2013, S. 27 f.). In den USA wird der Begriff seit dem späten 19. Jahrhundert genutzt, wo er zunächst Verwendung in der psychosozialen Arbeit fand.»Als politisch- praktisches wie theoretisches Konzept etablierte er sich jedoch erst durch die Schwarze Bürgerrechtsbewegung und die feministische Frauenbewegung der 1960er und dann durch die Selbsthilfe-Bewegung der 1970er Jahre.« (ebd, S. 27 f.). Aus dieser Prägung verbreitete er sich schließlich auch in andere Länder.

Ich benutzte einen Empowerment-Begriff, der in der Tradition von Kämpfen unterdrückter und marginalisierter Gruppen steht und immer eine kollektive Perspektive hat. Es geht dabei immer auch um Umverteilung, Zugang zu Ressourcen und die (Zurück-)Erlangung von Macht, ob auf der persönlichen, institutionellen oder strukturellen Ebene. Für mich heißt Empowerment unter anderem, die Geschichte des Widerstandes der eigenen Communities kennenzulernen, Stolz zu entwickeln und zusammen das (Über-)Leben zu feiern[28] – entgegen aller verinnerlichter Gefühle der Abwertung und real-physischer Bedrohungen. Empowernd ist das Wissen darum, mit den eigenen Erfahrungen nicht alleine zu sein, dass es eine Community gibt, in der gegenseitige Unterstützung stattfindet und die mehr Sicherheitsgefühl als die Dominanzgesellschaft herstellen kann. Empowerment kann ich in Begegnungen mit anderen rassifizierten Personen erleben, ich fühle mich empowert in Schwarzer Musik, im Tanz und beim gemeinsamen Haare flechten. Empowerment ist unglaublich vielfältig und kann für jede*n etwas anderes bedeuten.

Empowerment, also ›Selbstbemächtigung‹ bedeutet auch, dass es keine Bemächtigung ›von außen‹ gibt. Betroffene werden emanzipatorisch aktiv. Ein wichtiger Bestandteil und ein unverzichtbares Konzept von Empowerment sind *Safer Spaces.* Sie können als»entscheidende Schutz- und Resilienzfaktoren im Kontext von Traumatisierung« die wichtigen»*schützenden Inselerfahrungen* im Sinne positiver Alternativerfahrungen des Verstehens, der Wertschätzung, Zugehörigkeit und Selbstwirksamkeit für die Betroffenen« darstellen (Gahleitner 2005, S. 63 in Lerch 2019, S. 55). Safer Spaces sind Räume, in denen neue»Narrative gegen Fremdbestimmung« gestaltet werden können, in denen kollektive Erfahrungen geteilt werden und in denen die Reproduktion von Diskriminierung weniger wahrscheinlich ist (Bollwinkel Keele 2020, S. 208; Rosenstreich 2020, S. 236). Das Konzept der *Safer Spaces* auch auf Orte der psychosozialen Hilfe- und Unterstützung ausweitend, betont Yolo Akili Robinson in dem Online Talk *Decarcerating care: Community-Based Healing Alternatives and How to Build Them* (2022) die Wichtigkeit, Ideen und Trainings im Fall von psychosozialen Krisen zu entwickeln, um auf die Involvierung von Polizei in Krisensituationen verzichten zu können. Er sensibilisiert dafür, dass eine Vielzahl der Menschen, mit denen

[28] Was bei *Black, queer* oder *crip Pride* von außen als schrille Überheblichkeit missverstanden werden mag, ordne ich als einen wichtigen Heilungszugang ein, der eine Reaktion auf Abwertung, Beschämung und Entmenschlichung ist. In dem englischen Begriff *pride* und seiner politischen Aufladung durch marginalisierte Communities steckt mehr als nur das deutsche Äquivalent ›Stolz‹, was mit übertriebener Selbstliebe, Selbstüberhöhung und weiterem assoziiert werden könnte. Pride heißt, zusammen die kleinen Erfolge und die Dankbarkeit über das, was da ist, zu feiern. Aida Manduley beschreibt, wie empowernd es ist, feiernd zusammenzukommen, sich gegenseitig zu stärken und den eigenen Wunsch nach Veränderung immer wieder wachzurufen (Manduley 2022, 1:05:18- 1:12:28).

er arbeitet, gewaltvolle Erfahrungen in Gefängnissen wie auch in psychosozialen Gesundheitssystemen erleben mussten und bezeichnet sie als ›Überlebende‹ dieser Institutionen. Daher sei es sehr wichtig, den Menschen erstmal einen sichereren Raum anzubieten, der es möglich macht, sich zu erden, zur Ruhe zu kommen und sich zu verbinden. Kollektive Orte der Sicherheit zusammen zu schaffen, stellt Robinson (2022, 46:04 f.) als zentrale, notwendige Grundlage für Heilungsräume heraus. Derart Empowerment-basierte Perspektiven zielen vorrangig auf Kompetenzen und Ressourcen ab und lenken den Fokus weg von einer Überbeschäftigung und -Identifikation mit pathologischen oder maladaptiven, also ›schlechtangepassten‹ Verhaltensweisen (Jones & Warner 2011 in Jones 2017, S. 96). *Powersharing* beschreibt eine Praxis, bei der Menschen einen gerechten Umgang mit ihrer Macht, ihrem Einfluss und ihren Privilegien (ver)suchen und diese mit anderen teilen. Eigene Ressourcen können marginalisierten Communitys und weniger Privilegierten angeboten und zur Verfügung gestellt werden, ohne über deren Verwendung zu bestimmen. Ressourcen materieller oder immateriellen Art zum Beispiel in Form von Zeit, Raum, Öffentlichkeit oder Geld (Rosenstreich 2020, S. 227). *Powersharing* geht viel eigene Reflexionsarbeit voraus, es ist eine Haltung, vor allem aber eine Handlung (ebd. S. 227) und kann Teil einer machtkritischen Praxis sein, in der Professionelle ihre Rechenschaftspflicht und Verantwortung gegenüber Klient*innen ernst nehmen und auf Befreiung und Gerechtigkeit hin arbeiten (Kivel 2017).

3.2.3 Powerbased therapy/Powerhealing

Wie können Anbieter*innen von Unterstützung einen machtkritischen Blick in Heilungsräume der Selbstermächtigung integrieren? In ihrem Paper stellt Vanessa Jackson einen Prozess vor, der Therapeut*innen und Organisator*innen von Gemeinschaften dabei helfen kann, Einzelpersonen, Familien und Communities durch ihre größten Schmerzen zu begleiten und ihnen dabei zu helfen, ihre Wunden in Quellen der Kraft umzuwandeln (Jackson 2017, S. 68). Heilungsprozesse müssten sowohl die Rückerlangung ›realer Macht‹ als auch den Abbau der ›überschüssigen Machtlosigkeit‹ bedeuten. Es müsste also sowohl an dem Abbau von Unterdrückungsstrukturen gearbeitet werden, als auch mit Individuen und Communities aktive Selbstermächtigung angestrebt werden, die Gefühle der Machtlosigkeit abbaut. Jackson setzt zunächst bei der ›überschüssigen Ohnmacht‹, also bei den Gefühlen der Machtlosigkeit, die über die reale Machtlosigkeit hinausgehen, an. Wie sich reale und überschüssige Machtlosigkeit unterscheiden lassen, muss mit Klient*innen oder Communities zunächst und situationsabhängig zusammen analysiert werden, damit keine Opferbeschuldigung/Verantwortungsverschiebung passiert, so Jackson (2017, S. 57).

Für eine gemeinsame therapeutische Praxis, die Machtdynamiken als fundamentalen Bestandteil von Verletzungen und Heilung versteht, brauche es zunächst eine Sprache, um die Auswirkungen von Machteinschränkungen auf Einzelpersonen und Communities zu erklären, und anschließend Strategien entwickeln zu können, um Macht und Gefühle der Macht wiederherzustellen (Jackson 2017, S. 57). Mit Klient*innen müssten gemeinsam die richtigen Worte erarbeitet werden, die nicht einengend sind, das erfahrene Leid klar benennen, den eigenen Schmerz nicht verharmlosen und zugleich nicht festschreiben oder ein Gefühl der Unveränderlichkeit vermitteln. Mit einer klaren ›Machtsprache‹ und oder Machtanalyse könne schließlich ein Dialog entstehen, in welchem zusammen herausgefunden werden kann, wie die emotionale Wunde/Verletzung entstanden ist, was sie aufrecht erhält und welche Möglichkeiten der Heilung visioniert und in die Realität geholt werden können (Jackson 2017, S. 58). Nachdem die Verwundung oder Einschränkung und ihre Auswirkung bis in die Gegenwart gemeinsam erkundet und verstanden wurden, könne die Identifizierung von zuvor verborgenen Machtbereichen funktionale und befreiende Strategien des Widerstands ermöglichen (Jackson 2017, S. 57). Zum Beispiel könnten Isolation und Scham durch die Benennung erlebter Machteinschränkungen und erlebtem Machtmissbrauch durchbrochen werden. Schließlich könne auf kollektive Veränderungsstrategien zurückgegriffen und Erfahrungen missbräuchlichen Machtverhaltens durch andere, unterbrochen werden (ebd. S. 59). Jackson stellt sieben ›heilende Fragen‹ vor, die ich hier ins Deutsche übersetzt habe, und beschreibt, dass die meisten dieser Fragen den Wissensquellen indigener Communities der Amerikas entspringen. Sie seien ihr von einer Aktivistin für indigene Rechte weitergegeben worden und Jackson selbst habe die Fragen ergänzt und für die eigene Praxis adaptiert. In diesen Fragen geht es in einem ersten Schritt um das Benennen, (worum ich mich in *ongoing wounding* durch das Beschreiben und den Versuch die Wunde zu verstehen, bemüht habe):

(1) Was ist mit dir passiert?
(2) Wie wirkt sich das Geschehene jetzt auf dich aus?
(3) Welches sind die äußeren Faktoren (z. B. Rassismus, Klassismus, Armut), die in deinem Leben Machtverletzungen verursachen oder aufrechterhalten?
(4) Was muss geheilt werden? (ebd. S.61)

In einem zweiten Schritt geht es um Widerstand und Resilienz:

(5) Wie konntest du trotz des Geschehenen triumphieren?
(6) Welche Geschenke hast du aus dieser verletzenden Erfahrung erhalten?
(7) Welche Lehren/Weisheiten kannst du auf der Grundlage deiner Erfahrungen mit Machtverletzungen und Heilung mit anderen teilen? (ebd. S.63)

Resilienz und Widerstandsstrategien können zwei der drei Machtbereiche wieder herstellen: ›Macht im Inneren‹ und ›Macht-mit‹. So kann auch die Macht, die andere ›über‹ eine Person haben verringert werden (ebd. S. 63). Jackson beobachtet in ihrer Praxis, dass die Klient*innen, mit und von denen sie lernt, sich immer an ein Gefühl erinnern, was sie in der traumatischen Situation oder dem entsprechenden Zeitraum am Leben gehalten hat. Ein Gefühl in einem Moment oder ein leises aber immerwährendes Gefühl, was trotz all dem Leid Hoffnung vermittelt hat. Dieser *Powerspark*, der Kraftfunken sei eine zentrale und wichtige Ressource in dem Heilungsprozess (ebd. S. 64). Das hier vorgestellte Heilungsverständnis von Jackson (2017, S. 59) ist dabei auch ein relationales, bei dem also die Bedeutung der Community und die Berücksichtigung der erweiterten sozialen Beziehungen für das individuelle Wohlbefinden wichtig sind. Heilung umfasst für sie die Entwicklung von Kenntnissen und Fähigkeiten, die das Gefühl ermöglichen, dass eine emotionale Verletzung oder Wunde überwunden wurde und dass zukünftigen Lebensherausforderungen mit einem Gefühl von Optimismus begegnet werden kann.»Healing indicates that flexibility, hopefulness, a sense of agency, and competency have been restored or established.«[29] (Jackson 2017, S. 59).

Jackson beschreibt die Auseinandersetzung mit Macht und Machtdynamiken als Chancen für in psychosozialen Arbeitsfeldern Tätige, die ihre Arbeit so in einem Rahmen der sozialen Gerechtigkeit verankern könnten. Eine kontinuierliche Untersuchung der größeren sozialen, wirtschaftlichen und politischen Kräfte die das Leben von Einzelpersonen, Familien und Gemeinschaften (negativ) beeinflussen müsse Teil der eigenen Praxis werden, so Jackson (2017, S. 57). Wenn machtkritische Professionelle zum Beispiel zwischen ›überschüssiger Ohnmacht‹ und realer Machtlosigkeit unterscheiden lernen und wenn ein Bewusstsein und eine Sprache für Macht in Systemen psychosozialer Gesundheitsversorgung wächst, könnte Individualisierung entgegengewirkt und Empowerment ermöglicht werden.

---

[29] »Heilung bedeutet, dass Flexibilität, Hoffnung, ein Gefühl der Handlungsfähigkeit und Kompetenz wiederhergestellt oder aufgebaut worden sind.«

3.2.4 Radikale Therapie

Prentis Hemphill spricht sich dafür aus, dass Heilungsbestrebungen Einzelner und Vereinzelter aus der Isolation herausgeholt und als gemeinsames, politisches Unterfangen begriffen werden sollten:»It's important to name that this task of healing sits against a political backdrop, and that backdrop doesn't allow us simply individualize healing or imagine that it could ever be an apolitical endeavor«[30] (Hemphill 2021, S. 47).

Die Radikale Therapie (RT) ist ein machtkritisches, positionierungssensibles und selbstorganisiertes Gruppentherapieverfahren[31], was hier ansetzt und das Leiden Einzelner vor dem Hintergrund gesellschaftlicher Unterdrückungs- und Machtverhältnisse betrachtet. Die seit den 1980er Jahren auch in Deutschland vertretene Radikale Therapie baut auf die Radikale Psychiatrie der 1960er Jahre auf. Gail Pheterson entwickelte die Methode in der heute praktizierten Form in den Niederlanden und verbreitete sie in der Frauenbewegung der 70er Jahre. Sie verband bereits bestehende Erfahrungen aus Selbsthilfegruppen mit Praktiken und Theorien der Radikalen Psychiatrie und des Co-Counselling (Althöfer 2017, S. 44 f.)

Der Therapie geht eine kritische Analyse gesellschaftlicher Bedingungen, Werte, Normen und deren Auswirkungen auf die Lebensrealität von Menschen voran, um eine Basis für eine geeignete psychotherapeutische Bearbeitung zu finden. Seit Anfang der 1970er gibt es die auch heute noch gängige Form, die sich nicht zuletzt dadurch kennzeichnet, dass es keine Leitung durch ausgebildete Personen gibt. Es geht um die Auseinandersetzung mit gesellschaftlichen und zwischenmenschlichen Machtverhältnissen in einem sicheren Raum, um die Befreiung von internalisierter Unterdrückung und darum, neue Perspektiven entwickeln und ein selbstbestimmtes Leben führen zu können (Althöfer 2017, S. 44 f.). Eine RT-Gruppe wird als Minigesellschaft verstanden, in der sich gesellschaftliche Machtdynamiken widerspiegeln. Nach dem Motto»Das Private ist politisch« soll es darum gehen,

> »(…) sich der jeweils eigenen Position, der eigenen Haltung und dem eigenen Verhalten im Zusammenhang mit bestehenden Macht- und Unterdrückungsverhältnissen

---

[30] »Es ist wichtig zu benennen, dass diese Aufgabe der Heilung vor einem politischen Hintergrund steht und dieser Hintergrund erlaubt es uns nicht, Heilung einfach zu individualisieren oder uns vorzustellen, dass sie jemals ein unpolitisches Unterfangen sein könnte.«

[31] Es gibt Frauen- (FORT) und Männergruppen (MRT) und seit kürzerer Zeit in manchen Städten auch queere oder in anderer Weise definierte RT-Gruppen (zum Beispiel BIPoC-Gruppen).

> bewusst zu werden und im Rahmen kooperativer und ausbeutungsfreier Beziehungen einen emanzipierten, d.h. befreiten, und zugleich verantwortlichen Umgang mit persönlicher Macht im Sinne eines Zugangs zu den eigenen Ressourcen zu entwickeln und sich gegenseitig dabei zu unterstützen.« (Althöfer 2017, S.55)

Der bereits vorgestellten Entfremdungstheorie setzt die RT die Befreiungstheorie als Grundlage des gemeinsamen Arbeitens in der Gruppe entgegen. Diese verfolgt das Ziel, praktische Handlungsansätze zur Auflösung von Entfremdung beziehungsweise zur Rückerlangung eines Zugangs zu den ursprünglichen Potenzialen zu entwickeln. Dazu werden den in der Entfremdungsformel (Entfremdung = Unterdrückung + Verschleierung + Isolation) genannten Aspekten folgende Begriffe als Ansatz zur Befreiung entgegengesetzt: Befreiung = Kontakt + Bewusstheit + Handlung (Althöfer 2017, S. 53).

Die Befreiung eröffnet wieder den Zugang zu eigenen Potentialen (*Sources of Power*) und macht handlungsfähiger. Internalisierte Unterdrückung aufzulösen ist ein zentraler Schritt, um schließlich auch Veränderungen gesellschaftlicher Verhältnisse einsetzen zu können, so Steiner (in Althöfer 2017, S. 53). Im gemeinsamen RT-Heilungsraum können internalisierte Unterdrückung und überschüssige Ohnmacht transformiert werden und es kann sich gegenseitig in Heilungsprozessen begleitet werden. So können Teilnehmende sich nicht zuletzt auch selbst als Unterstützende erleben.

3.2.5 Community Care und Selbstfürsorge

Viele Arten der Heilung, Hilfsmittel, Methoden und Techniken marginalisierter Communities wurden seit der Kolonialisierung zerstört oder unterdrückt (Robinson 2022, 48:50–50:57)[32]. Hilfsmittel und Strategien des Heilens gab es in marginalisierten Communities jedoch trotzdem immer und sie haben das Überleben Unterdrückter gesichert, so Robinson. Menschen haben sich umeinander gekümmert und Umgangsweisen mit Stress und Trauma gefunden. Historisch marginalisierte Gruppen wären heute nicht mehr existent, wenn sie keine Systeme der gegenseitigen Unterstützung und Heilung gehabt hätten, um die gewaltvollen und tödlichen Strukturen zu überleben. Die Schwarzen Kirchen und ihre Unterstützungssysteme, Schwarze Kunst und Kultur, *Safer Spaces,* wie Barbershops oder Gespräche am Küchentisch sind und waren Strategien und Orte,

[32] In dem Online Talk bezieht sich Yolo Akili Robinson vor allem auf Schwarze Communities. Seine Aussagen lassen sich aber auch auf andere historisch marginalisierte Communities beziehen.

in denen Heilung und Empowerment stattfand und weiterhin stattfindet (ebd. 2022, 48:50–50:57). Als *Kitchen table talks* werden beispielsweise feministische Praktiken bezeichnet, die besonders in BIPoC Communities eine historische und wichtige Rolle spielen. Die eigenen Küchen oder auch die Küchen *weißer* Menschen stellten für BIPoC Frauen als Angestellte oder Versklavte eine Art *Safer Space* dar, der Empowerment-Raum und eine Keimzelle für gemeinsame Organisation und Widerstand umfasste. Auch in der Geschichte der LGBTQ + Community konnten Angehörige sich nicht auf staatliche Versorgungssysteme verlassen und es wurden eigene Lösungen gefunden. Gegenseitige Unterstützung wie zum Beispiel in von der eigenen Community geführten *Gay Health Clinics,* die als Alternativen zum dominanten Gesundheitssystem in den 1970er etabliert wurden, sowie *Community Health Organizing* und Aktivismus während der AIDS-Krise, sind als Community-basierte Formen von Versorgung und Heilung, wichtige Beispiele der langen Widerstands-Geschichte. Das STAR-House (Street Transvestite Action Revolutionaries) beispielsweise wurde 1970 als erste LGBTQ + Jugendunterkunft in Nord Amerika, von Marsha P. Johnson und Sylvia Rivera gegründet (Sharman 2021, S. 21). Sie waren Trans*Aktivistinnen, Trans* Woman of Colour und Sexarbeiterinnen. Es sei also alles schon da gewesen und nun müsse es darum gehen, die eigenen Wissensquellen und Handlungsweisheiten wieder anzuerkennen und wertzuschätzen, so Robinson (2022, 48:50–50:57).

Wen es um ›Community‹ geht, denke ich auch immer an meine Gemeinschaftserfahrungen[33], die neben meinen gesellschaftlichen Positioniertheiten einen wichtigen Bestandteil meines Erfahrungswissens bilden. Die Beschäftigung mit schmerzvollen Erfahrungen in Gemeinschaft, hat mich angestoßen über Verletzungen durch Gruppen und letztlich gesellschaftliche Systeme nachzudenken und diese Erfahrungen und ähnlich Dynamiken auch in größeren Kontexten zu erkennen. Ich habe sowohl in den Gemeinschaften als auch in der deutschen Gesellschaft schmerzhafte Gefühle des Ausschlusses, des Nichtdazugehörens, der Getrenntheit und Unsichtbarkeit erlebt und beobachtet. Einige Gemeinschaftserfahrungen haben mir aber auch heilsame und empowernde Gefühle der Zugehörigkeit, Verbundenheit, des inneren persönlichen und gemeinsamen Wachstums, Prozesse der Visionssuche und Erfahrungen ›gelebter Utopie‹, der umfassenderen Sicherheit, des Gehalten- und wirkungsvollen Eingebundenseins geschenkt. Ich habe eine Ahnung davon bekommen, wie diese positiven und heilsamen Erfahrungen gemeinsam hergestellt werden können und welche Räume

[33] In Abgrenzung zu meinem Verständnis des Community Begriffs, hatte ich in den Gemeinschaften, die ich kennengelernt habe, keine Identifikation über meine Identität oder ein gemeinsames politisches Interesse, was über den jeweiligen gemeinsamen Ort hinaus gegangen wäre.

und Formen des Zusammenlebens Verbundenheit und gemeinsame Heilung ermöglichen. Was ich für mich bisher sicher weiß, ist, dass Verbundensein und Gemeinschaft immer Arbeit sind und es die Bereitschaft und Geduld braucht, miteinander aneinander zu wachsen.

Die Gemeinschaften, die ich kennenglernt habe, waren stark *weiß* dominierte Orte. In marginalisierten Communities, vor dem Hintergrund gemeinsamer Unterdrückungserfahrungen wird die Notwendigkeit, Heilung und Fürsorge als gemeinschaftliche Aufgabe zu verstehen, noch deutlicher. In Systemen der Ausbeutung und Unterdrückung sichert Selbstfürsorge Überleben und ist als radikal widerständiger Akt mit *Community Care* eng verbunden, denn es kann nur zusammen überlebt und gut gelebt werden. Audre Lorde, die ihr Leben und Wirken in, mit und für ihre Communities organisierte, schrieb:»Caring for myself is not self-indulgence, it is self-preservation, and that is an act of political warfare.«[34] (Lorde 1988, S. 130). Selbstfürsorge ist hier also ein politischer Begriff, hängt eng mit der eigenen Unterdrückungserfahrung zusammen und ist ein notwendiges Mittel, um weiterhin widerständig bleiben zu können. Auch der oft entpolitisierte Begriff der ›Resilienz‹ funktioniere nur im Kontext von Community, so Zena Sharman (2021, S. 44). Resilienz beschreibe nicht nur die Fähigkeit, wie ein Stehaufmännchen immer wieder hochzukommen, sondern sei Produkt einer ›gemeinschaftlichen Alchemie‹, welche Schmerz in Möglichkeiten verwandle. Resilienz sei keine individuelle Errungenschaft, sondern eine geteilte und interaktionell hergestellte Ressource (ebd., S. 44).

3.2.6 Hoffnung, Kreativität und spirituelle Sphären

In einer Buchvorstellung thematisiert Vanessa Jackson, wie zentral Hoffnung in ihrer Arbeit mit Menschen und Communities, die ihre Verletzungserfahrung transformieren wollen, ist (Jackson 2016, 1:19:00). Sie beschreibt, dass zentrale Momente des Wandels eng mit der (Wieder-)Erlangung von Hoffnung verknüpft sind und wie wichtig es ist, darüber zu sprechen, was Menschen am Leben hält. Auf der Suche nach dem Grund, warum sie als Sozialarbeiterin in ihrer Ausbildung diesen Begriff nie gehört hat, formuliert sie ihre Schlussfolgerung, dass Hoffnung sehr nah an Glaube (*faith*) liegt und bei Professionellen die Angst besteht, dieses spirituelle Terrain zu betreten (ebd., 1:19:00). Sie kritisiert diese Auslassung, ohne jedoch eine ›Spiritualisierung‹ von Heilung zu fordern.

[34] »Sich um mich selbst zu kümmern, ist kein Selbstvergnügen, sondern Selbsterhaltung, und das ist ein Akt der politischen Kriegsführung.«

Hoffnung zu haben, ist in Zeiten größter Lebensgefahr (physisch wie auch psychisch) nicht rational begründbar und doch so wichtig, damit Menschen ihr Leben nicht aufgeben. Dass Menschen, auch wenn alles ausweglos scheint, die Gewalt kein Ende nimmt, trotzdem weitermachen und auf Besserung hoffen, lässt sich mit Logik oder Rationalität allein kaum erklären. Jackson schreibt, dass in der Hoffnung während des gesamten Heilungsprozesses eine tiefe Kraft liegt. Diese ›Stützpfeiler‹ der Hoffnung zu erkennen, sei für den Heilungsprozess von zentraler Bedeutung. Sie seien der Glaube an die Möglichkeit der Heilung, der auf dem Bewusstsein beruht, dass das Individuum oder die Community in einigen Aspekten des Lebens triumphieren konnte oder in der Lage war, ein gewisses Gefühl von Macht und/oder Handlungsfähigkeit zu bewahren (Jackson 2017, S. 66). Früh im Heilungsprozess Resilienzfähigkeiten und unverletzte Bereiche im Selbst oder der Community zu finden, sei entscheidend für die Aufrechterhaltung bzw. die Wiederherstellung von Hoffnung und dem Glauben an die Möglichkeit der Heilung, so Jackson (2017, S. 66).

> »Dancing, singing, storytelling and silence are the four universal healing salves«
>
> Gabrielle Roth (2011, S. 16)[35]

Auch kreativer Ausdruck kann zu Heilungsprozessen positiv beitragen. Kreativität ist ein wichtiges, altes und in dominanten Systemen der Gesundheitsversorgung eher marginal vertretenes Heilungsmittel. Sich künstlerisch auszudrücken, ist für viele Menschen sehr wichtig und passiert auf die unterschiedlichsten Arten. Menschen betätigen sich selbst in Situationen größter (Lebens-)Bedrohung künstlerisch. Es gibt Menschen, die Folter erlebt haben und beschreiben, dass sie, nur weil sie schreiben konnten oder weil sie Gedichte oder Lieder immer wieder aufgesagt oder in sich gesungen haben, überlebten (Salzmann in Czollek und Haruna-Oelker 2023b). Eine wichtige Rolle für die Geschichte der Kunsttherapie spielen die um 1900 entstandenen Kunstwerke von psychiatrisierten Menschen, die sich, trotz oder wegen ihres Ausgeliefertseins, kreativ ausdrückten. Manchmal waren die wenigen Materialien, die sie für kreativen Ausdruck zur Verfügung hatten, das Garn eines aufgeribbelten Stoffes oder zerrissene Bettlaken, aus denen Neues geschaffen wurde (Ankele 2020, S. 138–153). Meine eigene künstlerische Erfahrung und Hochschulbildung in Kunsttherapie- und Pädagogik haben mir einige Aspekte der Wirkmacht von Kunst gezeigt. Manche Aspekte sind kaum in Worte zu fassen, weil sie wie die Hoffnung eine Sphäre berühren, die eher zu erahnen und weniger zu begreifen oder zu beschreiben

[35] Tanzen, singen, Geschichten erzählen und Schweigen sind die vier universellen Heilmittel.

ist. Meine Kreativität ist für mich ein Spiegel meiner selbst, Reflexionsfläche und Rückzugsraum, gleichzeitig Verbindungselement, Ausdrucksmöglichkeit und ein Gefühl der ›Schöpfungskraft‹ in mir. Was Kreativität für Menschen bedeutet und wann und wozu sie sie nutzen, ist vielfältig. Ein breiteres Verständnis von Kunst und Kreativität[36] kann sich in der Art wie wir ein Essen zubereiten, wie wir Beziehung leben, Texte schreiben, gemeinsame Räume oder auch ein Instagram Profil gestalten, ausdrücken. Kunst kann ein Emotionskanal sein, beruhigen und dabei helfen, bei sich selbst anzukommen sowie Selbstverwirklichung und Forschungsmittel sein. Bei Heilungsprozessen, zum Beispiel in einem kunsttherapeutischen Setting, kann der künstlerische Ausdruck Menschen ermöglichen, sich mitzuteilen, wenn Worte schwer zu finden sind oder eine verbale Verständigung schlichtweg nicht möglich ist. Innere Bilder können kraftgebend visualisiert werden oder, wenn sie von Schmerz und Verletzung sprechen, auf dem Blatt ›als Probehandlung‹[37] transformiert werden (Koch und Martin 2017).

Kae Tempest (2021) beschäftigt sich mit Rap, Lyrik und Literatur und schreibt in dem Essay *Verbundensein* über die Kraft der Kreativität, die Menschen zusammenbringen kann und uns immer wieder innehalten lässt, für eine Innenschau oder die Erinnerung an und Auseinandersetzung mit eigenen Werten und Idealen. Tempest selbst lädt Zuhörende und Lesende in die emotionalen Welten der eigenen (fiktiven) Figuren ein.»Wir haben uns voneinander entfernt« schreibt Tempest, und»Abstumpfung, oder Abkopplung, ist ein Mangel an wahren Gefühlen.« (Tempest 2021, S. 25). Dagegen schreibt they[38] an und eröffnet fühlende Einblicke in Lebensgeschichten, innere Zerrissenheiten oder Spannungen der eigenen Figuren, in denen sich Zuhörende und Lesende spiegeln können (ebd. S. 64).

Was heißt es ›Ganz‹ zu sein?
Was brauche ich für meine Heilung?
Kann ich einen geheilten Zustand imaginieren?

---

[36] Ein eurozentrisches Verständnis von Kunst verbinde ich mit einer elitären Ausprägungen durch Institutionen (Hochschulen, Kunstmarkt etc.), die stehts die Deutungshoheit darüber behalten will, was ›wahre Kunst‹ ist, und was als solche nicht ernst zu nehmen ist.

[37] Dieser in der Kunsttherapie gängige Ausdruck kann auch wie folgt übersetzt werden: etwas (symbolissch) ausprobieren, ›so tun als ob‹, darin können Zukunftsperspektiven sichtbar werden, es kann zu neuen Schritten ermutigen und Beweglichkeit in festgefahrene Situationen bringen.

[38] ›They‹ ist ein nicht-binäres Pronomen.

Was brauchts du?
Wie befreist du dich?
Wie finden wir wieder zusammen?

3.2.7 Verbundenheit am Beispiel der Ubuntu-Philosophie

Was ist ein ›geheilter‹ Mensch? Woran und wohin können sich Heilungsprozesse orientieren? Ein Verständnis von ›Heilsein‹ oder ›Ganzsein‹ finde ich in dem Bild des ›Verbundenseins‹, was mir auf meiner persönlichen Suche und in der Literatur immer wieder begegnet ist. Ich will hier über die *Ubuntu*-Philosophie schreiben, mit der ich 2022 bei einem Treffen der»Initiative Schwarze Menschen in Deutschland« (ISD) in Kontakt kam. Sie ist ein Beispiel für ein Verständnis, in welchem Verbundensein mit Heilsein eng verknüpft ist.

In dem Buch *The ubuntu Practitioner: Social Work Perspectives* (2023) veröffentlichen Sozialarbeiter*innen aus der ganzen Welt ihre Erfahrungen mit der *Ubuntu*-Philosophie in der Sozialen Arbeit. Als professionelle, indigene Praxis wird die Philosophie als dekolonialer Ansatz in der Sozialen Arbeit genutzt (Mayaka et. al. 2023, S. 23). In den meisten Ländern südlich der Sahara wird *Ubuntu* als Teil der ›African ethics‹ praktiziert. Diese Ethik priorisiert gemeinschaftliche Beziehungen, die bei Mayaka et. al. (2023, S. 23) als Gegensatz zu einem ›westlichen‹ Individualismus beschrieben werden. Ubuntu beinhaltet Werte der Gemeinschaftlichkeit, des Respekts, der Würde und Akzeptanz, des Teilens, der Mitverantwortung, sozialer Gerechtigkeit, Gruppensolidarität, des Mitgefühls, der Freude, Liebe, Erfüllung und Versöhnung, so Mayaka et. al. (2023). Die durch Nelson Mandela und Erzbischof Desmond Tutu auch außerhalb Afrikas breiter bekannt gewordene Philosophie beeinflusst, wie Communities in Subsahara-Afrika Probleme lösen, die sowohl Individuen als auch Gemeinschaften als Ganze betreffen. Ubuntu wurde 2020 in den Diskurs der Sozialen Arbeit eingebracht (ebd., S. 1 f.). Als dekoloniale Praxis in der Sozialen Arbeit umfasst *Ubuntu* weniger unterschiedliche mögliche Methoden, sondern thematisiert vor allem Grundhaltungen, Begriffe und Verständnisse, wie Menschen, Menschlichkeit, die Welt, die Erde und Relationen zueinander betrachtet werden sollten.

»*umuntu ngumuntu ngabantu*«, ist ein bekannter Satz in der Sprache isi-Zulu aus der *Ubuntu*-Philosophie und bedeutet:»Eine Person ist eine Person durch andere Personen«. Während dominante Verständnisse im Westen den Menschen nach den Werten der Aufklärung im 18. Jahrhundert als einheitliches, in sich geschlossenes, unabhängiges Individuum konstruierten, das durch seine Vernunft, den freien Willen, seine persönliche Freiheit und Wahl gekennzeichnet ist, versteht *Ubuntu* den Menschen vor allem als soziales Wesen, was durch die Qualität der Beziehungen zu anderen Personen definiert ist. Westliche Praxen der Sozialen Arbeit und Praxen der psychosozialen Gesundheitsversorgung allgemein, tendieren wohl auch wegen ihres Menschenbildes zu einer Individualisierung von strukturellen Problemlagen und realen Lebensherausforderungen, wie beispielsweise Armut oder Arbeitslosigkeit, und verlagern Verantwortungen der Gesellschaft auf Individuen, so Mayaka et. al. (2023). Wandel könne mit westlichen Zugängen zudem auch nur auf der individuellen Ebene erwartet werden (van Breda 2018 in Mayaka et. al. S. 12 f.). *Ubuntu* thematisiert die Verbindungen zwischen Menschen, die eine Community und geteilte Menschlichkeit konstituieren, und die Qualität der Interaktionen mit anderen, indem Werte wie Respekt und Fürsorge eine wichtige Rolle spielen (Mayaka et. al. 2023, S. 12). *Ubuntu* als eines von fünf zeitgeschichtlichen Stadien beschreibt unsere Gegenwart und beginnt mit der erkämpften Unabhängigkeit afrikanischer Staaten und dem formalen Ende der Kolonisation. Es gibt fünf Stadien der *ubuntu*-Philosophie: *Sankofa, Tu, Shosholoza, Ubuntu* und *Umoja. Sankofa* und *Tu* liegen vor der Zeit der christlichen Zeitrechnung, *Shosholoza*, was so viel wie»unvergleichliche Widerstandsfähigkeit und Widerstand« bedeutet, beschreibt die Zeit der Kolonialisierung (Mayaka et. al. 2023, S. 18). *Umoja,* welches das letzte und angestrebte zeitgeschichtliche Stadium beschreibt, bedeutet Einssein oder Einheit. *Umoja* beinhaltet unter anderem die Wiederherstellung des Selbstbewusstseins, die Wiederbelebung der Kultur, Abschaffung ungerechter Systeme und Regelungen (Mbeki 2004 in Mayaka et. al. 2023, S. 20). Das Stadium entspreche einer Renaissance, in welcher afrikanische Weltverständnisse wieder zu den Grundfesten afrikanischer Gesellschaften werden, so Bongmba (2004 in Mayaka et. al. 2023, S. 19 f.). Der Prozess der Dekolonialisierung und damit verbundenen Heilung ist gewissermaßen der Weg nach *Umoja.* In der Praxis der *Ubuntu*-Philosophie stehen Heilung beziehungsweise ›Ganzsein‹ direkt mit gesamtgesellschaftlicher Veränderungen und dekolonialen Kämpfen in Verbindung. Individualisierungstendenzen im dominanten Gesundheitssystem wird so etwas entgegengesetzt. (Abbildung 3.5).

Abbildung 3.5 Verbunden. Digitale Ilustration. R. Goltz. 09/23

3.2.8 ›Verbundensein‹

Vor der Hintergrund von Verbundenheits-Visionen, wie sie in der *Ubuntu*-Philosophie sichtbar werden, möchte ich Aspekte und Schritte meines Schwarzen Politisierungsprozesses als empowernde Heilungserfahrungen nachvollziehbar machen.

Verbunden mit mir
mit uns, in Community

mit anderen, in Gemeinschaft
und mit der Natur, unserer Umwelt, dem Planeten

Mit dem Ausklingen der größeren Demonstrationen der deutschen Black Lives Matter -Bewegung fing für mich ein Politisierungsprozess an, der eine umfassendere Bewusstwerdung meines Schwarzseins[39] beinhaltete. Ich lernte Worte, um über meine Rassismuserfahrungen sprechen zu können und ich gab den Gefühlen, die ich so lange nicht verstanden und kleinzuhalten versucht hatte, zum ersten Mal Raum. Das Gefühl, anders zu sein, hatte mich lange geschmerzt und ich konnte seine Wurzeln nicht verorten. Von Rassismus hatte ich nichts hören wollen, da ich dieses ›unbequeme Thema‹ mit einem ›Opferdasein‹ verband und ich weder Selbstmitleid noch das Mitleid von anderen wollte. Es brauchte viel Mut, war eine lange aufgeschobene und schließlich bewusste Entscheidung, meine Angst zu überwinden. Es war die Angst vor einem Ausschluss aus meinem *weißen* Umfeld und davor, ständig von herausfordernden Gefühlen überschwemmt zu werden, wenn ich ›Happyland‹ (Ogette 2020)[40] verlassen würde. Diese Angst und nicht gänzlich unrealistische Einschätzung hielt mich lange zurück. Es brauchte einige Impulse von außen (u. a. durch ein Hochschulseminar, Schwarze Bekanntschaften und *weiße* Freund*innen) und viel Grübelei, bis ich genug Vertrauen in den Prozess und in mich gefunden hatte, um loszustolpern. Erstmal hieß es zu fühlen und es kam eine Reihe fast vergessener Erinnerungen hoch. Schmerz der Verletzungen, Wut und Trauer. Und viele Fragen, denn die erlernte Normalität zu dekonstruieren, verursachte zunächst viele Lücken. All das Fühlen öffnete auch neue Zugänge zu meiner Kraft und Macht (*power*). Ich erkannte meine Handlungsfähigkeit- und Möglichkeiten und lern(t)e zunehmend, für mich einzustehen und auf mich zu achten, Rassismus und Diskriminierung in meinem

[39] ›Schwarzbewusstsein‹ ist der Übertitel meiner Bachelorarbeit, die ich 2021 verfasst habe und in der ich mich mit meiner Politisierung intensiver befasst habe (Goltz 2023).

[40] Tupoca Ogette nutzt diesen Begriff als Ausgangspunkt eines Phasen Modells, was den Umgang mit Rassismus (in erster Linie in Bezug auf *weiß* Positionierte) thematisiert. Das Phasen Modell findet sich in ähnlicher Form auch in Veröffentlichungen anderer Autor*innen. In der Vorstellung von ›Happyländer*innen‹ begehen nur die ›anderen‹ das Rassismusverbrechen. Rassistisch sind hier lediglich Menschen, die schlecht sind und Rassismus hat immer mit Vorsatz zu tun. Ein Rassismusvorwurf wiegt für Happyländer*innen schwerer als das eigentliche Vergehen. Happyland wurde von *weißen* für *weiße* geschaffen und sichert Privilegien für dieselben (Ogette 2020, S. 21 f.). Hier wird Rassismus negiert, in der Vergangenheit verortet und es wird die Meinung vertreten, dass er erst dadurch zum Problem würde, wenn darüber geredet wird.

Umfeld zu benennen und damit sowohl meine Grenzen und meinen Machtbereich klarer abzustecken als auch authentischer zu sein. Mehr Integrität erlaubt mir, mich selbst mehr wertzuschätzen. Verbundensein hieß für mich zunächst, eine Verbindung zu mir selbst und meinen Gefühlen wiederzufinden.

Ein weiterer wichtiger Aspekt waren Begegnungen mit anderen Schwarzen Menschen. Ich hatte lange in Ablehnung meines eigenen Schwarzseins auch die wenigen möglichen Kontaktmöglichkeiten zu anderen Schwarzen Menschen und People of Colour nicht wahrgenommen. Diese neuen Begegnungen waren Momente voller Bestärkung und Gefühlen der Verbundenheit, in denen ich mich nicht erklären oder mit Gedanken und Gefühlen hinter dem Berg halten musste. Ich fühlte mich einfach verstanden und wir tauschten uns über ähnliche Erfahrungen aus, von denen ich vorher dachte, dass nur ich sie machen würde. Auch durch Bücher, Texte und Interviews von Menschen zu lesen und zu hören, die ähnlich wie ich positioniert sind, war (und ist) eine wichtige, intensive und bestärkende Erfahrung. Am Anfang dachte ich in Empowermenträumen oder beim Lesen der Bücher Schwarzer Autor*innen minütlich: »das kenne ich genau so! du sprichst mir aus dem Herzen«. Safer Spaces und Empowermenträume, waren wichtige Schritte raus aus meiner Isolation. Die Verbindung mit der afrodeutschen/-diasporischen Community geben mir Kraft und Selbstwertgefühl. Verbundensein heißt für mich, mich mit anderen über unsere geteilten Erfahrungen zu verbinden.

Es war mir sehr wichtig, mein zum größten Teil *weißes* Umfeld auf meinem Weg der Politisierung mitzunehmen, meine Freund*innen und Familie teilhaben zu lassen und anzuregen, sich auch selbst zu reflektieren und Rassismus zu verlernen. Bereits in den ersten Wochen intensiver Auseinandersetzung, voll Tränen und Erinnerungen, habe ich den Menschen, die mir nah waren von meinen Prozessen erzählt. Auch das brauchte viel Mut, denn mancher Schmerz und manche Wut hatte auch mit ihnen zu tun. Trotz der Sorge, sie zu verlieren oder gerade deshalb, habe ich mir die Arbeit gemacht, geduldig zu sein, Gespräche zu führen und Literatur zu empfehlen. Einige Menschen in meinem Hausprojekt, aus meiner Familie und meine Freund*innen lasen bald die gleichen Bücher wie ich. Wenige hatten das schon vorher getan und manche bewegten auch ihre Eltern dazu, (zumindest) *Exit racism* (Ogette 2020), als möglichen Startpunkt in die eigene kritische Selbstreflektion, zu lesen. Mitchel (2020, S. 110–117) beschreibt die Wichtigkeit, auch Verbundenheit zwischen ›Ungleichen‹ (wieder-)-herzustellen. Verbindung also mit den Menschen, die uns entlang der Differenzlinien (Race, Klasse, Gender, usw.) gewissermaßen gegenüberstehen. Mitchell bezieht sich hier global gesehen auf die Herrschaftsverhältnisse und Verwundungen, die durch die Kolonialisierung entstanden sind. Dies kann mit Blick auf die Vergangenheit und die Gegenwart, in welcher unsere imperiale Lebensweise immer noch auf Ausbeutung basiert, bezogen werden. Als in den Zentren des Kapitalismus Lebende sind wir Täter*innen oder zumindest»erzwungene Kompliz*innen« (Lessenich 2017), deren Lebensweise viele Opfer weltweit forderte und auch weiterhin fordert. »Wir müssen zusammenkommen, um gemeinsam zu heilen. Das beginnt mit dem Anerkennen zugefügten Leids(...)«, so schreibt Mitchell (2020, S. 116). Wenn das Leid der Vergangenheit anerkannt sei und»wenn die Wahrheit einmal ausgesprochen ist, müssen auch die gegenwärtigen Erscheinungsformen derselben Gewalt anerkannt und beendet werden-auf sinnvolle uns systematische Weise« (ebd., S. 117). Vorher könne keine tiefergehende Heilung stattfinden (ebd. S. 117).

Mit dem Gedanken des Verbundenseins können wir lernen, anzuerkennen, dass wir nicht alleine klarkommen müssen und eine Abhängigkeit mit anderen Menschen und der Welt normal und wichtig für unsere psychosoziale Gesundheit und unsere Heilung ist. Abhängigkeit zu dem Grad, dass ich mich selbst und meine Grenzen in der Beziehung zu anderen noch spüre. Kazu Haga sagt: »Wir wurden in Beziehungen verletzt, also müssen wir in Beziehungen heilen. Wir wurden in der Gemeinschaft verletzt, also müssen wir in der Gemeinschaft heilen« (Haga, o. J., o. S.). Verbundensein heißt für mich, die Verbindung über Unterschiede hinweg wiederherzustellen oder aufrechtzuerhalten. Das können wir in Beziehungen unterschiedlicher Art in (niemals homogenen) Communities und in Gemeinschaft üben.

Indigene Gesellschaften haben trotz Genoziden und kolonialer Unterdrückung, das Wissen um die Verbundenheit des Menschen mit dem Planeten und alles Lebendigem auf ihm*ihr, ja die eigene Abhängigkeit von all dem, bewahrt. Das Bild, welches Sherri Mitchell vom ›Ganzsein‹ zeichnet, umfasst neben intra- und interpersonellen Heilungsbewegungen auch eine ›Heilung‹ des Planeten und die Rückverbindung mit der uns umgebenden Natur (2020, S. 136 f.). Hier müsse ein Gleichgewicht wieder hergestellt und neu gelernt werden, verantwortlich mit der Natur umzugehen. Mitchell schreibt von ›der Schöpfung‹, wenn sie über Natur, Tiere und den Planeten schreibt und weicht eurozentrische Verständnisse von Grenzen zwischen Subjekt (Mensch) und Objekten (Tiere, Pflanzen u. s. w.) auf. So fordert sie, dass wir auch die Rechte der Natur anerkennen und selbst aktiv Verantwortung für unsere Verpflichtungen gegenüber derselbigen übernehmen (ebd., S. 132–138). In ihrem aus indigenen Wissensbeständen gezeichneten Verständnis vom Verhältnis zwischen Mensch und ›Schöpfung‹, steht dieser nicht, wie in christlich, westlich geprägten Verständnissen, an der ›Spitze der Schöpfung‹, sondern ist ein (gleichberechtigter) Teil dieser (ebd., S. 136 ff.).

Von der Natur kann gelernt werden, sie nährt, heilt und schützt – sie ist Fülle und Regeneration. Heute kann die Naturwissenschaft, die indigene Wissensbestände Jahrhunderte lang unterdrückt hat, genau diese Verbundenheit und unsere Abhängigkeit von der Natur nachweisen (Koechling & Willer 2012; Mihöfer 2016) und trotzdem wird nach diesem Wissen nicht gehandelt. Indigene und rassifizierte Gesellschaften und Individuen verweisen seit langem auf die Notwendigkeit, den Klimawandel und die zahlreichen sozialen Krisen zusammenzudenken und wieder anzuerkennen, dass wir nicht getrennt von der Natur existieren (Afeworky Abay & Schmitt 2022, S. 206–212). Verbundensein heißt also auch, unsere Verbundenheit mit dem Planeten und allem Lebendigem auf ihm*ihr wiederherzustellen.

3.2.9 Vergebung, Konflikt und Aushandlung

Konflikte und Verletzungen werden in persönlichen Beziehungen anders gelöst, als das in Bezug auf strukturelle Verwundungserfahrungen marginalisierter Individuen und Communities möglich ist. Verwundungserfahrungen können ein stückweit Heilung erfahren, wenn in einem Aushandlungsprozess mit der Person/Gruppe, die die Verletzung ausgelöst hat, Vergebung als Ziel visioniert wird. Vergebung als mögliche Folge auf Entschuldigungen und Verantwortungsübernahme beeinhaltet unter anderem die Wiederherstellung von Vertrauen. Wenn Vergebung gelingt, kann die (Fortführung einer) Beziehung zueinander ermöglicht werden. Dies bedeutet Arbeit, beeinhaltet Aushandlungsprozesse und Entschuld(ig)ungen, die Vertrauen, eine positive Bezugnahme aufeinander und Sicherheitsgefühle (wieder-)herstellen können. Vergebung geschieht nicht ›aus heiterem Himmel‹[41].

Mitchells Blick thematisiert transgenerationale und kollektive Verwundungserfahrungen und schlägt eine Brücke zwischen Heilungsprozessen auf individueller und struktureller Ebene. Nach Mitchell hat jede nachfolgende Generation eine neue Chance die Wunden der Vorfahren zu heilen (2020, S. 116). Für eine gemeinsame Heilung müsste dann die transgenerationale Verwundungserfahrung auf der einen Seite, und auf der anderen die psychosozialen Kosten/Auswirkungen der eigenen Schuld beziehungsweise der Schuld der Vorfahren benannt werden, so Mitchell. Den vielschichtigen Erfahrungen Ausdruck zu verleihen, sich auf Augenhöhe zu begegnen und einander zuzuhören, sich in Mitgefühl und Liebe

[41] Eine christliche Konnotation des Vergebungsbegriffs bringt für mich nicht zuletzt die problematische Erwartungshaltung an Opfer von Gewalt mit sich, die es vor allem ihnen zur Aufgabe macht, großmütig zu vergeben. Zudem passiert hierin nicht selten eine Opfer-Täter Umkehr.

wahrzunehmen bilde den Ausgangspunkt für einen gemeinsamen Heilungsprozess (ebd., S. 116). In Bezug auf kollektive Verwundungserfahrungen, also die langen Geschichten der unterschiedlichen Unterdrückungsformen gibt es noch selten diese Räume der Begegnung, in denen sich Menschen aus Täter- und Opfer Linien, mit der Vision verbundener Heilungsprozesse, treffen. Räume, in denen gemeinsam Wege der Entschuldigung, Vergebung und Heilung gesucht werden. Und in denen gemeinsam, beide unterschiedlichen Seiten der verbundenen Erfahrung, verstanden werden, um jetzt und für folgenden Generationen, die immer währenden strukturellen Kreisläufe der Verwundung zu durchbrechen.

Laverne Cox erzählt in ihrem Essay *Hurt people hurt people* (in Burke & Brown 2021, S164–167) die Geschichte ihrer Familie, die sie mit ihrem in die Sklaverei hineingeborenen Großvater beginnen lässt und zeigt die Gleichzeitigkeit und Zusammenhänge von seinen Verwundungserfahrungen und gewaltvollem Verhalten gegenüber anderen. Die Gewalt, die dieser erlebt hatte, gab er an seine Kinder weiter. Verletzte Menschen geben ihre (unbearbeiteten) Verletzungen weiter und es entsteht ein Netzwerk miteinander verflochtener Verwundungserfahrungen, welches ich als dynamisch in Raum und Zeit verstehe. Cox Essay löst gewissermaßen Täter und Opfer Binaritäten, die jeweils mit statischen Festschreibungen und Stigmatisierungen einhergehen, auf. In vielen Biografien kreuzen sich in Bezug auf Vorfahren die Täter- und Opfer Linien. Und auch in den direkten Erfahrungsräumen von Individuen muss (De-)Privilegierung, die begrifflich nicht gleichgesetzt aber an die konstruierten Binaritäten (Opfer und Täter) angebunden werden kann, immer je nach Kontext betrachtet werden[42]. Eigene Erfahrungen des ›verletzens‹ und ›verletzt werdens‹ und mit eigenen Privilegien sowie Deprivilegierungen Umgangsformen zu reflektieren, kann dabei helfen ›Brücken zu bauen‹, Verbindungen (wieder-)herzustellen und geduldig in gemeinsamen (ver-) lernprozessen zu sein. Ein Umgang mit heilender Aushandlung und konstruktivem Konflikt lässt sich im Konzept der *restorative justice*[43] *(RJ)*, was bereits in der Praxis erprobt, Gewalttaten nicht mit den dominanten Straflogiken begegnet, finden. RJ»bietet (…) eine Zukunftsperspektive, die verlangt, dass Gerechtigkeit in Beziehungen und Systemen, die durch Rechenschaftspflicht, Wiedergutmachung und Heilung definiert sind, sozial hergestellt wird.« (Staufer 2023, S. 31). Täter*innen, Opfer und umgebende Beziehungssysteme suchen hier

[42] Ich bin als *light-skinned* Schwarze Person je nach Kontext privilegiert (gegenüber *dark-skinned* Schwarzen Personen) oder deprivilegiert (gegenüber *weißen* Personen). Auch global räumlich gesehen bin ich privilegiert.

[43] Dies kann mit ›opferorientierte Justiz‹ oder ›wiedergutmachende Gerechtigkeit‹ übersetzt werden.

gemeinsam Wege der Entschuld(ig)ung, Versöhnung, Verstrauens(re)konstruktion und gemeinsamen Heilung.

Im Gehen können neue Wege gefunden werden, die den Systemlogiken trotzen. Aber neue Wege zu gehen braucht Mut, Hoffnung und Vertrauen in uns selbst, unsere Beziehungen und die Kraft, die wir zusammen aufbringen können. Mit der Weisheit von *Sankofa* aus der *Ubuntu*-Philosophie, welche die Fehler der Vergangenheit berücksichtigt, steht fest, dass nicht einfach weitergemacht werden kann wie bisher. Es braucht neue fürsorgliche Strukturen, die gewissermaßen *präventiv* sind. ›Prävention‹, als Begriff der genau wie Empowerment eine Re-politisierung erfahren müsste, birgt für mich Potential für intersektional-feministische Paradigmen der Fürsorge, die vor allem Vorsorge betreibend, Gewalt und Verwundung zuvorkommen. Vorsorge sollte als ebenso wesentlicher Bestandteil wie Nachsorge, in Praxen der Fürsorge anerkannt und angestrebt werden. Prävention kann im Privaten bedeuten, dass wir uns möglichst viel Zeit für unsere Beziehungen und Communities einräumen, weil sie uns die Sicherheit, Wärme und Heilungsräume schenken, die wir angesichts der Unterdrückung, die wir erfahren, benötigen. Und strukturell würden sich radikale Präventionsbemühungen den Abbau von Strukturen der Unterdrückung zum Ziel setzen und neue Strukturen der gegenseitigen Fürsorge, die wir alle brauchen, anstreben. Prävention ist wie *Sankofa* das Wissen und die weise Voraussicht, was aus der Vergangenheit lernt und jetzt mit Geduld und Weitblick für eine bessere Zukunft arbeitet. (Abbildung 3.6).

Denn Zeit ist Leben und das Leben wohnt im Herzen der Menschen.

Momo (1973)
–Michael Ende

Meine Lieben, ich hoffe wir werden immer genügend Zeit füreinander haben!

Wir dürfen uns die Zeit, uns zu umsorgen und umeinander zu kümmern nicht nehmen lassen!

Abbildung 3.6 Hoffnung. Digitale Illustration. R. Goltz. 08/23

3.3 Ongoing Struggle

In diesem Kapitel geht es um den Kampf für ein Ende der Zerstörung und der Gewalt, die Menschen sich gegenseitig und der Erde mit allem Lebendigen auf ihr antun. Es geht um die globalen Kontinuitäten struktureller Ungerechtigkeiten und Unterdrückung, die eng mit Patriarchat, Kapitalismus und der Kolonialisierung zusammenhängen. Sie zu thematisieren, heißt den Rahmen oder den Boden anzuschauen, in dem unsere Verwundungen verwurzelt sind. Dieses Kapitel soll

Aspekte des *struggles* – des Ringens und Kämpfens um Gerechtigkeit aus marginalisierten Perspektiven und Wissensbeständen zeigen. Es geht um politische Handlungen gegen die ›reale Machtlosigkeit‹ (Lerner 1986 in Jackson 2017), denn um das Generationentrauma zu heilen, ist es besonders wichtig, dass das, was weiterhin traumatisiert, aufhört (Hemphill 2021, S. 48).

3.3.1 Gewalt und Kampf im Kontext von Unterdrückung

Der Begriff *struggle* umfasst im Englischen mehr als das, was oft mit ›Kampf‹ assoziiert ist. Ich erlebe, wie bei dem Begriff ›Kampf‹ viele irritiert zurückweichen. ›Kampf‹ klingt wohl sehr negativ und scheint mit Aggression, Angriff, Krieg und weiterem Gewaltvollem assoziiert zu werden, was aufgrund der deutschen Geschichte auch nicht verwunderlich ist. Ich nutze den Kampf-Begriff hier jedoch im Sinne von Widerständigkeit, Befreiung und Selbstbemächtigung und nicht im Sinne eines kriegerischen Machtmissbrauchs, der die Machtausweitung Herrschender anstrebt und mit Zwang oder Manipulation die Untergebenen zu rasendem kopflosem Hass anfeuert. Im englischen umfasst *struggle* nicht nur ›kämpfen‹, sondern auch ›ringen‹, was möglicherweise deutlicher macht, um was es geht: Aushandlungsprozesse als Reaktion auf bestehende Unterdrückung und ein ›Ringkampf‹ in welchem Gerechtigkeit und Gleichberechtigung das Ziel sind.

*Erst vor ein paar Monaten habe ich mit einem weißen cis-Mann zwei Stunden darüber diskutiert, ob ich Grund hatte, mich über die Polizisten zu ärgern, die mich und meine Freund*innen anderthalb Stunden lang in der letzten Reihe der Demonstration gegen sexualisierte Gewalt geschubst und verbal zu demütigen versucht haben. Unsere deeskalierende Grundhaltung half nicht. Seiner Ansicht nach war meine Wut das Problem. Hätte ich in dem Moment nur Liebe und keine Wut im Herzen gehabt, wäre ich nicht geschubst worden.*

Es hat System, dass die Wut Marginalisierter bereits als Gewalt interpretiert wird. Wenn die Existenz von Machtstrukturen ignoriert wird, ist Widerstand bereits ›Terror‹. Ich höre oft, wie von mehrfach Privilegierten (z. B. *weißen* Deutschen) nur der gewaltlose Widerstand[44] in höchsten Tönen gelobt und als legitim erachtet wird. Gleichzeitig nehmen diese Personen die fortlaufende Gewalt von Diskriminierung und die weltweite Ausbeutung (bis zum Tod) als scheinbar

[44] In meiner Erfahrung führen vor allem Menschen, die nicht von struktureller Diskriminierung betroffen sind, ausschließlich Ghandi und Martin Luther King als heldenhafte Freiheitskämpfer an und blenden dabei aus, dass erfolgreiche Schritte zur Befreiung von pluralen Befreiungskämpfen gekennzeichnet waren. Neben Gruppen des gewaltlosen Widerstandes

unveränderliche Normalität hin. Eben dies kritisiert der Psychiater und antikoloniale Widerstandskämpfer Frantz Fanon (in Demirovic 2022, 43:20–45:40) in Bezug auf antikoloniale Kämpfe. Er attestiert, dass oft nur auf die Gewalt derjenigen, die sich wehren gezeigt wird. Die Kritik der Gewalt werde selektiv besprochen und über die strukturelle Gewalt, die sich auch physisch materialisiert, geschwiegen. Unter bestimmten Voraussetzungen werde jede Form des Widerstandes als nicht gerechtfertigte Gewalt diffamiert[45]. Mit seiner abolitionistischen[46] Haltung war Fanon davon überzeugt, dass der Kolonialismus nur als Ganzes zurückgewiesen werden kann und Reformversuche oder Forderungen, ausschließlich für mehr Anerkennung Schwarzer Menschen und anderer Kolonialisierter zu kämpfen, zwecklos seien. Denn auf den Widerstand der sich Wehrenden folge immer weitere Gewalt, so Fanon (in Demirovic 2022, 43:20–45:40). Gewalt, die sich immer neue Wege des Ausdrucks sucht (Foucault in Hanses 2007). Fanon beschreibt in seinen Schriften die (psychosozialen) ›Kosten‹ von Gewalt, sowohl für Unterdrückte als auch für Unterdrücker*innen. Im antikolonialen Kampf hieß er Gewalt nicht als solche gut oder romantisiert sie, aber er beschrieb gewaltsamen Widerstand in Befreiungskämpfen als unumgänglich (Demirovic 2022, 43:20–45:40).

I use hands
To help, my fellow men
I use hands
To do, just what I can
And when I face, with unjust injury
Then I change my hand
To fists of fury

…

Our time as victims is over
We will no longer ask for justice

---

gab es unter anderem auch die Black Panthers, die einige Aktionen der gewaltlosen Schwestern und Brüder mit ihrer (Waffen-)Präsenz geschützt haben und zudem solidarische Strukturen in Nachbarschaften und Alternativen zum rassistischen System aufbauten.

[45] Heute sind zum Beispiel marginalisierte Gruppen, die sich für Dekolonialisierung einsetzten und notwendige Identitätspolitik machen, die ›Spalter‹, werden als übertrieben, und kleinlich dargestellt und mit Ignoranz für ihr ›gewaltvolles Stören‹ abgestraft. Auch Klimaaktivismus wird in der öffentlichen Darstellung schnell als ›Klimaterror‹ diffamiert, während die tatsächlich gewalttätigen Hauptverursacher*innen der Krise kontinuierlich reicher werden.

[46] *abolish* (engl.) bedeutet ›abschaffen‹.

Fists of fury (2018)[47]
-Kamasi Washington

3.3.2 *Ongoing Maafa* und nationalsozialistische Kontinuitäten

»Kein Gemeinsames ist möglich, sofern wir uns nicht weigern, unser Leben und unsere Reproduktion auf dem Leid anderer zu gründen und uns als von ihnen getrennt wahrzunehmen.«

(Silvia Federici 2012)

Weder Nationalsozialismus noch Kolonialismus sind abgeschlossene Geschichten in der deutschen Historie. Allzu viel des Unrechts aus der Vergangenheit ist nicht beglichen worden und das Unrecht, was hier und jetzt in der Gegenwart passiert, wird zu wenig benannt. Folgen von Genoziden und Ökoziden sind bis heute spürbar. Die Gewalt hat zwar in den ›Zentren des Kapitalismus‹ (Brand & Wissen 2017) andere, weniger sichtbare, akzeptiertere oder einfach ignorierte Spielarten gefunden, aber unter der porösen Oberfläche deutscher und europäischer Überlegenheits-Selbstverständnisse wird die unhaltbare Ungerechtigkeit zunehmend sichtbarer. Dies zeigt sich sehr drastisch sowohl an den ›europäischen Außengrenzen‹ als auch im Scheitern deutscher Erinnerungskultur und realitätsfernen ›Wiedergutwerdungserzählungen‹, (Czollek 2023) die ein *Happy End* heraufzubeschwören versuch(t)en und Deutschland aktuell faschistischen und antidemokratischen Kräften ausliefern.

Kontinuitäten des Kolonialismus zeigen sich zum Beispiel anhand der allgegenwärtigen Klimakrise und dem Zugrunderichten des Planeten. Ihr historischer Ursprung und ihre gegenwärtigen ungerecht verteilten Auswirkungen hängen mit der Maafa[48] und der imperialen Lebensweise in den Zentren des Kapitalismus (Brand & Wissen 2017, S. 43–47) zusammen. Menschen in vormals kolonisierten Gebieten haben am wenigsten dazu beigetragen, leiden aber bereits jetzt am

[47] Ich nutze meine Hände/Um meinen Mitmenschen zu helfen/Ich nutze meine Hände/Um zu tun, was ich kann/Und wenn ich mit ungerechter Verletzung konfrontiert werde/Dann wandle ich meine Hand/zu Fäusten der Wut…Unsere Zeit als Opfer ist vorbei/Wir werden nicht länger nach Gerechtigkeit fragen

[48] ›Maafa‹ steht für Kolonialismus und ist im Gegensatz zum Letzteren eine von den Opfer und bis heute Betroffenen gewählte Bezeichnung. Die Maafa umfasst die bis heute andauernde Ausbeutung und Vernichtung nicht nur auf kultureller, politischer und sozialer, sondern vielfach auch auf ökologischer Ebene.

meisten unter dem Klimawandel (Lessenich 2017; Aikins in Czollek & Haruna-Oelker 2023, 11:30–15:32, Brand & Wissen 2017). Selbst in den Zentren des Kapitalismus treffe es diejenigen am härtesten, die am wenigsten zur Verschmutzung des Planeten beitragen, denn die dreckigsten Kreuzungen, Mülldeponien und Fabriken sind in Gegenden platziert, wo viele Menschen mit geringem sozioökonomischen Status leben. Von Klassismus Betroffene und rassifizierte Menschen sind also selbst in Deutschland ungleich stärker von Umweltverschmutzung(en) betroffen, so Kennedy-Assante (in Dziedzic 2019, o. S.). Der ökologische Fußabdruck ist auch ein kolonialer Fußabdruck, so Aikins (in Czollek & Haruna-Oelker 2023, 11:30–15:32). Auf unterdrückende Strukturen bauen Europa und die imperiale Lebensweise seit jeher. Ausbeutung, die Erschließung neuer Märkte durch»Landnahme« und»Inwertsetzung« (Brand & Wissen 2017, S. 69–74) wurden ermöglicht und legitimiert, indem schon früh die ›Anderen‹ als ›weniger menschlich‹ konstruiert wurden. Diese Legitimierung, global gesehen vor allem in Form von Rassismen, nutzt Europa auch weiterhin, da es trotz der Verantwortung für multiple Krise unsolidarisch bleibt und sich seine Privilegien zu sichern versucht – auch wenn dies unvereinbar mit Europas Selbstbild ist, was Menschenfeindlichkeit als Problem der ›Anderen‹ externalisieren will[49]. Die Zentren des Kapitalismus, welche alle ökonomischen und sozialen Kosten ihres Wohlstandes auslagern, beschreibt Lessenich als»Externalisierungsgesellschaft«. Müll und schmutzige Produktionen werden in Länder des globalen Südens gebracht. Dort werden Boden, Natur und Menschen als Arbeitskräfte bis zum Tod ausgebeutet mit Konsequenzen, wie Ökoziden, Artensterben, Krankheit, Armut, Kinderarbeit, Prekarität und Gewaltspiralen. Deutscher Müll verseucht und vernichtet beispielsweise Ökosysteme in Ghana (Zeitler 2019, o. S.), deutsche Waffen befeuern global Kriege und Knebel-Verträge schreiben die Ausbeutung ehemals kolonisierter Länder fort[50].

In den Zentren des Kapitalismus konnten große Teile der multiplen Krise bislang ausgeblendet werden (Lessenich 2017, 7:00–9:00). Lessenich prognostiziert mit der Formulierung: die»Externalisierung wird zurückschlagen« (2017, 9:00–10:30) jedoch, dass dieses Konzept auch für die bisherigen Gewinner*innen

---

[49] Homophobie und Transfeindlichkeit zum Beispiel werden als ein Problem der nicht westlichen Länder; Sexismus als ein Problem des Islam usw. konstruiert.

[50] Solche neokolonialistischen Strukturen finden sich beispielsweise in Verträgen zwischen Deutschland und Namibia (Ziai 2023, o. S.). Während in Namibia Hände geschüttelt werden, um sich für den Genozid an Herrero und Nama zu ›entschuldigen‹, schließt Deutschland gleichzeitig ungerechte Verträge ab, die ihm wertvolle ›grüne‹ Energieressourcen sichern sollen und damit der vorrangig im Globalen Norden angesiedelten globalen Mittelklasse ihre imperiale Lebensweise erhält (Ziai 2023, o. S.).

nicht mehr lange aufgehen wird, weil bereits so viele der globalen, ökologischen Ressourcen zerstört wurden. Die multiple Krise entlarft das Versprechen des exponentiellen Wachstums und des stetigen Aufstiegs als Lüge: Wir können nicht immer weiter, schneller und höher. Die natürlichen Ressourcen sind endlich.

Unrecht passiert durch deutsche und europäische Entscheidungstragende an den europäischen Außengrenzen, wo durch die neuen Verschärfungen des europäischen Asylrechts mit Unterstützung nahezu der gesamten Parteienlandschaft dieses Jahr einem Ausmaß weiterer kommender Menschenrechtsverletzungen der Weg bereitet wurde. Dies ist ein weiteres groß angelegtes, strukturell rassistisches Unterfangen, was Privilegien für einige wenige in den Zentren des Kapitalismus sichern soll. Der sichtbarer werdende Rückschritt in das alte, rassistische Menschenbild, zurück zu den Wurzeln der ›Erfolgsgeschichte‹ Europas, lässt vielerorts nicht auf sich warten: rechte Parteien feiern in den Zentren des Kapitalismus derzeitig große Erfolge und rechte Lösungsansätze der Krisen werden nicht mehr nur von den rechten Parteien vorgeschlagen. Abschiebung, Aufrüstung und Abschottung sind seit Jahren die Antwort auf das Leid, was die imperiale Lebensweise global produziert. Diese Politiken verkaufen der verunsicherten Bevölkerung der Zentren das Versprechen der fortdauernden Überprivilegierung besser als liberale Parteien, so Brand & Wissen (2017, S. 166 f.).

Schmerz
Auf dem Rücken meiner Verwandten
Schuld
Mein Konsum. Meine Privilegien. Meine Entscheidung
Scham
Meine Unfähigkeit. Angst. Meine Ohnmacht

.

Verantwortungsübernahme, Heilung

?

In Bezug auf Deutschlands Schuld, durch den Genozid an Jüdinnen*Juden, die Ermordungen hundertausender Sinti*zze und Rom*nja, Homosexueller, be_hinderter Menschen und ›psychisch Kranker‹ muss eines festgestellt werden: die Entnazifizierung und Aufarbeitung ist nicht so vorbildlich gelaufen, wie weithin angenommen (Czollek 2019, S. 47–62). Auch wenn Deutschland sich gern als ›Erinnerungsweltmeister‹ darstellt und der Begriff der ›Erinnerungskultur‹ im positiven deutschen Selbstbild tief verankert ist, zeigen Gegenwart und Vergangenheit nach 1945 ein anderes Bild (ebd.). Darauf verweisen zahlreiche marginalisierte Individuen und Opfergruppen, die weiterhin für Anerkennung und Entschädigung des erfahrenen Leids (ihrer Communities) kämpfen. Max Czollek (2019, 2023) wirft aus einer deutsch-jüdischen Perspektive einen kritisch-analytischen Blick auf Deutschlands Umgang mit der eigenen nationalsozialistischen Vergangenheit in der Gegenwart. Er fordert unter anderem Raum für die Geschichten marginalisierter Communities und setzt mit *Desintegriert euch!* (2019) ein neues Paradigma gegen dominante Integrationsdiskurse, welches von der Dominanzgesellschaft, anstatt von den marginalisierten ›Anderen‹, Veränderung einfordert. Wenn die Geschichten marginalisierter Communities in Deutschland und (deren) Kritik an der deutschen Erinnerungskultur regelmäßig an den Rand gedrängt werden, bringt das für die gesamte Gesellschaft eine große Gefahr mit sich, weil der aktuelle ›Rechtsruck‹, der auch außerhalb Deutschlands sichtbar ist, mit einer linearen ›Wiedergutwerdungserzählung‹ nicht verstanden werden und ihm somit auch wenig entgegengesetzt werden kann. Es sei wichtig, die Geschichte einer Gesellschaft aus unterschiedlichen Perspektiven zu erzählen und Geschichtsschreibung und Erinnerungskultur als mehrdimensional und miteinander in Verbindung stehend zu begreifen (Attia & Rothberg 2019, S. 98–104). Eine ›Multidirektionale Erinnerungskultur‹ (Attia & Rothberg 2019) könnte ein tieferes und breites Verständnis deutscher Geschichte(n) ergeben. Für eine plurale und verbundene Gesellschaft braucht es auch plurale und verbundene Geschichte(n)-Erzählung (ebd., S. 98–104).

Das Unrecht der deutschen Geschichte wurde also nicht genügend aufgearbeitet und führt sich fort. Es gibt immer wieder Versuche, das Vergangene vergessen zu machen, sich aus Verantwortungen zu ziehen, um für die eigenen Schulden nicht aufkommen zu müssen. Prozesse der Entschuldigung, Versöhnung und Vergebung stehen noch aus. Schon die Ubuntu-Philosophie zeigt, dass Heilung nicht ohne Aufarbeitung und einen ehrlichen Blick in die Vergangenheit gelingen kann. Für die Gestaltung einer besseren Zukunft ist es also wichtig, zurückzuschauen. *Sankofa*, so wird das erste Stadium auf dem Weg nach *Umoja* bezeichnet, verbindet Gegenwart, Vergangenheit und Zukunft, indem jetzt der Blick auf die Wurzeln gelenkt und die Geschichte kritisch reflektiert wird. *Sankofa* bedeutet so viel wie: »Schau in die Vergangenheit, entreiße sie dem Vergessen, erkenne und gestalte die Zukunft.« Das, was Wunden verursacht hat, soll nicht wiederholt und das, was gute Früchte getragen hat, wertgeschätzt und weitergetragen werden (Mayaka et. al. 2023, S. 16).

Florian Dunkel (2020) fasst unterschiedliche Ansätze des Umgangs mit kollektiv traumatisierenden Ereignissen in einer Gesellschaft zusammen. Für den Bewältigungsprozess solcher Erlebnisse seien Mitgefühl und Solidarität der Umwelt sowie die Anerkennung des Leids entscheidend, so führt Dunkel Bakó und Zana an (2020, S. 10). Wenn sich die Gesellschaft, die selbst das Leid zugefügt hat, jedoch ignorant zeigt, dann bleiben traumatisierte Individuen oder Gruppen mit dieser Erfahrung alleine und die Wahrscheinlichkeit, dass Trauma transgenerational wird und sich auf ganze Generationen und die Gesellschaft auswirkt, steigt (Bakó & Zana in Dunkel 2020, S. 10). Für den Verarbeitungsprozess transgenerationaler und kollektiver Traumata sei maßgeblich, ob der Staat seine Verantwortung für zugefügtes Leid übernehme, ob etwa, Wiedergutmachung[51] geleistet wird (Reddemann 2015 in Dunkel 2021, S. 220). Die schleppende Bereitschaft von offizieller Seite für die Übernahme von Verantwortung sieht Reddemann als wesentlichen Grund für den Trauerprozess, der in Verbindung mit kollektiv erfahrenen Traumata besonders lang sei, so Dunkel (2021, S. 220). Da Traumatisierte oft von irrationalen Schuldgefühlen geplagt werden, sei der Umgang der Gesellschaft mit Schuld von zentraler Bedeutung. Ob die Täter*innen juristisch zur Verantwortung gezogen werden oder ihr Verhalten öffentlich verurteilt wird, zeige letztlich, ob das von den Opfern erlittene Unrecht anerkannt wird (ebd. S. 220). Strafrechtssysteme werden im dominanten, öffentlichen Diskurs mit Gerechtigkeit[52] assoziiert und so könne eine Gesellschaft durch Bestrafung die Solidarisierung mit den Opfern ausdrücken (Kühner 2008, S. 72 in Dunkel 2021, S. 220). Diese Art der Gerechtigkeit gab es jedoch auch nach 1945 zumindest für die Opfergruppen des Nationalsozialismus nicht, so der Jurist und Philosoph Achim Dörfer (2023 in Czollek & Haruna-Oelker 2023, 8:00–9:20). Er führt fort, dass es weder den Willen, noch dauerhafte oder beständige Bemühungen gab, für Jüdinnen*Juden und andere Opfer der NS-Gewalt, Gerechtigkeit herzustellen (ebd. 9:20–11:05). Der deutsche Rechtsstaat habe für die betroffenen Bevölkerungsgruppen versagt (ebd. 11:05–19:10). So wurden insgesamt nur ein

[51] Der Begriff der Wiedergutmachung ist nicht unproblematisch. Es steckt darin nicht selten die Vorstellung, dass es ›so werden könnte wie vorher‹ oder die Fantasie, dass etwas ungeschehen gemacht werden könnte. Dieses vereinfachte Verständnis von Geschichte macht es auch erst möglich, dass mehr als die Hälfte der Deutschen einen ›Schlussstrich‹ unter die Erinnerung an den Holocaust setzen will (Avidan 2015, o. S.).

[52] Abolitionistische Perspektiven auf Strafsysteme kritisieren allerdings die herrschaftsstabilisierende Rolle, die diese in der Gesellschaft haben und hinterfragens auch die Effektivität dieser Systeme in Bezug auf eine ›Besserung‹ straffällig Gewordener (Her mit dem schönen Leben 2023, o. S.)

Prozent der Tötungsdelikte aus der NS-Zeit in ganz Deutschland belangt[53]. Dieses Unrecht der ausbleibenden Anerkennung und Aufarbeitung finde seine sichtbare Fortführung zum Beispiel im Umgang mit den Opfern des NSU und dem geringeren Schutz marginalisierter und rassifizierter Menschen, der sich zum Beispiel im rassistischen Bias in der Justiz und in der Kriminalstatistik Deutschlands zeigt, so Dörfer (2023 in Czollek & Haruna-Oelker 2023, 17:00–19:10). Die Nicht-Aufarbeitung wird auch als ›Zweite Schuld‹ beschrieben (Czollek in Czollek & Haruna-Oelker 2023, 08:00–08:10).

Um Gerechtigkeit wiederherzustellen und Heilungsprozesse zu ermöglichen, müssten die Opfer deutscher, struktureller Gewalt gefragt werden, was es für sie braucht, um Vertrauen und ein Sicherheitsgefühl wiederherzustellen. Pauschale Entschuldigungen, wie sie zuletzt in Form von Geldsummen an Namibia durch Deutschland durchgeführt wurden, Denkmäler oder performative Sprechakte zu Gedenktagen, auch in Bezug auf die Genozide an Indigenen Gesellschaften, reichen hier selbstverständlich nicht aus.

Laut dem Juristen und Philosoph Achim Dörfer (in Czollek & Haruna-Oelker 2023, 22:00–22:35) müssten Gesprächsformate für die Nachfahren der Opfer und Täter*innen entwickelt werden, um Räume der Entschuldung und Aufarbeitung auf Augenhöhe zu ermöglichen. Dörfer nennt in dem Podcast, in dem es um das Sterben der Nazitäter*innen und damit einhergehend die zunehmende Erschwerung von Prozessen der Wiedergutmachung und Entschuldung geht, ein Beispiel aus einem anderen Kontext: Der Bürgerkrieg in Ruanda zwischen den Bevölkerungsgruppen der Hutsi und Tutsi könne in Punkto Versöhnung ein Vorbild sein, so Dörfer[54]. Hier schaue man auf 10–15 Jahre justizielle Aufarbeitung, Dialoge auf Augenhöhe, teilweise direkt zwischen Familien der Täter*innen und Opfer, zurück. Bei Versöhnung müsse immer die Wahrheit am Anfang stehen und über die sich wiederholende Erzählung der»Wiedergutwerdung ohne Wiedergutmachung« (15:35–15:50) könne auch in Deutschland nichts erreicht werden, so Dörfer (in Czollek & Haruna-Oelker 2023, 19:20–20:10).

Auch für die deutsche Kolonialgeschichte muss gesagt werden, dass eine Aufarbeitung und Entschuldung noch auf sich warten lässt. Zudem hat Entschuldung im Rahmen des bestehenden Strafrechtssystems, was nicht für alle Bürger*innen

[53] Normalerweise werden bei erwiesenen Tötungsdelikten 100 % der Fälle belangt.

[54] Auch wenn Dörfer selbst sagt, dass diese Situation sich in einiger Hinsicht von anderen, wie zum Beispiel der Shoa, unterscheidet. So standen sich unter anderem in Ruanda zwei ähnlich große Bevölkerungsgruppen gegenüber.

dieser Gesellschaft gleich arbeitet[55] ihre Grenzen. Vielversprechender könnten hier möglicherweise Entschuldungsbewegungen in Gespräch und Handlung sein. Wiedergutmachungen, Entschuldungen und Entschädigungen dürfen aber nicht zu einem ›Ablasshandel‹ verkürzt werden, in dem versucht wird, sich von der eigenen Schuld, ohne nennenswerte Konsequenzen in der Gegenwart, frei zu kaufen.

You can fool some people sometimes
But you can't fool all the people all the time
So now we see the light (watch you gon' do?)
(…) Get up stand up, stand up for your right
Get up stand up (1973)

–Bob Marley & The Wailers

3.3.3 Wut, Hass und Rache

Es gibt ›Dirty feelings‹ – schmutzige und verbotene Gefühle – die besonders marginalisierten Menschen schon früh aberzogen werden. Gefühle, die für die Dominanzgesellschaft sehr gefährlich werden können, wenn alle unterdrückten, kleingemachten, diskriminierten, rassifizierten Menschen diesen Gefühlen Raum geben würden. Gefühle, die in ihrer Entstehung eng mit Unterdrückungserfahrungen zusammenhängen. Sie werden Kindern schon früh aberzogen, indem sie nicht validiert, sondern geächtet oder bestraft werden. Wut ist zum Beispiel so ein Gefühl.

Ich bin so oft wütend, in der Stadt. Die Nachrichten in der U-Bahn. In der U-Bahn wütend auf den Typen, der seine Freundin, die kein Bock hat, befummelt. Der Typ, der im U-Bahnhof raucht. Wütend auf den Typen. Der Typ, zieht sie an sich ran, küsst sie. Wütend auf die Typen, die den ganzen Bürgersteig einnehmen – immer. Wütend auf die alten weißen *Typen, die mir hinterherrufen. Wütend auf den Typen, der sich einfach vordrängelt. Wütend auf den jungen* weißen *Typen, der davon erzählt, wie viel Geld er im Urlaub in Indien gespart hat, weil da alles so billig ist. Und weil er auch noch so gut handeln kann. Und weil die nicht wissen, dass er das hier fünfmal so teuer verkaufen kann. Wütend auf die* weiße *Person, die ständig zum Yoga geht und sich über englisch-indische Akzente lustig macht. Scheiße.*

---

[55] Aktivistisch beschäftigt sich in Deutschland zum Beispiel die Kampagne für Opfer rassistischer Polizeigewalt (KOP) https://kop-berlin.de mit den (rassistischen) Grenzen des deutschen Strafrechtssystems.

Der historische Umgang in der eurozentrischen Dominanzgesellschaft mit der Wut von weiblich sozialisierten und rassifizierten Menschen ist unter anderem von Unterdrückungspraktiken gekennzeichnet, die sich in Pathologisierungen oder Diagnosen, die in der Vergangenheit als wissenschaftlich galten, zeigen. Die ›Hysterie‹ zum Beispiel bezeichnete Freud als ›Krankheit des Gegenwillens‹ (Schmersahl 1998, S. 213 ff.). Dies sagt bereits genug darüber aus, welchen Zweck diese Diagnose in der patriarchalen Gesellschaftsordnung hatte. Bereits in der Antike entstanden, markierte diese Modediagnose um die Wende zum 20. Jahrhundert zahlreiche Frauen als unmündig und hielt sie in Psychiatrien fest, wo sie menschenunwürdige ›Therapiemethoden‹ über sich ergehen lassen mussten (Schmersahl 1998, S. 213–278.). Die Wut von Unterdrückten ist nicht nur für bestehende Herrschaftsstrukturen gefährlich, sondern oft auch für die Unterdrückten selbst. Das Unterdrücken von Emotionen wie Wut, Zorn und Ärger kann dazu führen, dass sich diese gegen das Subjekt selbst wenden, was Depressionen zur Folge haben kann (Winterboer 2012, S. 7 f.). Die Diagnose Häufigkeit bei Frauen für Depressionen ist ein Drittel höher als bei Männern, was damit in Zusammenhang gebracht werden kann, dass Wut im Widerspruch zu stereotypen Weiblichkeitsvorstellungen, wie beispielsweise Harmonie und Weichheit, steht. Mädchen wird Wut im Patriarchat systematisch aberzogen, während sie bei Jungen positiv konnotiert ist und für Macht und Willenskraft stehe, so Rosales (2019, S. 95; Girod, 2021, o. S.). Stereotype über Männer *of Colour* wiederum, die diese als unkontrolliert wütend und gefährlich konstruieren, führen auch in Deutschland nicht selten zum Tod zum Beispiel durch Polizeigewalt (Kurt 2023, S. 42). Das Stereotyp der ›wütenden Schwarzen Frau‹ (*Angry Black Woman*) wertet diese als irrational, jähzornig, laut, theatral, und stets übertreibend ab und nimmt Forderungen von Schwarzen Frauen die Ernsthaftigkeit und Kraft (Bücker, 2020, o. S.). Audre Lorde (2021 [1984], S. 17 f.) beschreibt die Herausforderung von Frauen *of Color*, mit ihrer eigenen Wut einen Umgang zu finden, da diese von außen oft als nutzlos und störend abgewertet wird. So kann es leicht passieren, dass sich die Wut gegen die Subjekte selbst wendet. Lorde beschreibt Wut als eine positive Kraft, die zielgerichtet, konstruktiv und zukunftsorientiert sein kann, die Kraft und Energie freisetzen, befreiend, stärkend und klärend wirken und die dem Weiterkommen und der Transformation dienen kann. Außerdem beschreibt sie, dass»Wut unter Gleichgesinnten (…) Antrieb zum Wandel, nicht zum Verwürfnis« (ebd. S. 24) ist. In verbundenen Kämpfen bräuchte es also keine Angst vor der Wut rassifizierter Subjekte, die eine berechtigte Reaktion auf Rassismus ist (ebd. S. 13).

Şeyda Kurt (2023) beschreibt in Bezug auf Hass, wie dieses Gefühl ebenfalls durch dominante, rassistische und sexistische Diskurse zum einen tabuisiert wird, zum anderen aber gleichzeitig vielseitige Funktionen in der Aufrechterhaltung von Unterdrückung einnimmt. Hass spiele in Befreiungskämpfen und Widerständigkeit eine zentrale Rolle. Kurt beschreibt, wie wichtig es ist, zu differenzieren:»Wer hasst? Und warum? Und in welchen Macht- und Herrschaftsverhältnissen befinden sich die Hassenden?« (ebd., S. 47). Hass könne dabei helfen, sich nicht in eine Gleichgültig zu flüchten und zu verstummen (ebd., S. 49). Kurt macht fünf Modi des Hasses aus:»Erstens der Hass, der dem rassifizierten unterdrückten Menschen als seine angeblich natürliche Seinsweise zugeschrieben wird, um ihn zu entmenschlichen.« (ebd., S. 31). Zweitens der von den Herrschenden systematisch gesähte Hass, der vor allem nach Logiken des ›Teile-und-herrsche‹ Prinzips funktioniert (ebd. S. 31). Drittens der verinnerlichte Selbsthass der Marginalisierten, der machtlos, sprachlos und gefügig mache und über den Frantz Fanon (1952) ausführlich schreibt (Kurt, S. 31). Der vierte Modus ist das Verbot zu hassen, was unter anderem in Bildern von sich nicht wehrenden Opfern, zum Beispiel von Sanften ›Frauen‹ oder von jüdischen Menschen die während der Shoa scheinbar keinen Widerstand geleistet haben, erschaffen wird. Dieser Modus beinhaltet auch das Selbstverbot zu hassen. Ein Selbstverbot, was durch Bilder und Erfahrungen von Marginalisierten, die hassten und als Folge dessen als gefährlich gebrandmarkt, mit ihrem Leben zahlen mussten, entsteht (ebd., S. 33 ff.). Der fünfte Modus ist der selbstermächtigende Hass als Antwort auf die Unterdrückung. Kurt schlägt damit einen ›strategischen Hass‹ vor der als treibende Kraft »für ein gemeinschaftliches Streben nach Veränderung (…) durchdacht, taktisch und umsichtig ist« und »die Ungerechtigkeit und Unterdrückung grollend (…) hass[t]« (ebd. S. 101) Kurt bricht eurozentrisch traditionelle, römisch-katholische, aufklärerische und koloniale bis bürgerliche Bilder von Hass auf und arbeitet das widerständige Potential des ›strategischen Hass‹ heraus.

Und da verstehe ich, dass meine Wut auf den Typen mich längerfristig nicht weiterbringt. Aber mit dem Hass auf das System, was ihn zu diesem ignoranten Macker gemacht hat, kann ich arbeiten. Da können wir uns zusammen organisieren und Strategien entwickeln, um das verhasste Patriarchat anzugreifen. Vielleicht macht da auch der Macker mit, der sich erinnert, dass er mal verletzlich und weich war. Der Mensch der begreift, wie viel er von sich aufgeben hat für sein toxisch männliches Privileg.

Wut und Hass können uns helfen, Grenzen zu setzen und das, was uns und unsere Communities bedroht und zerstören will klar zurückzuweisen. Unser Sinn für Gerechtigkeit ist eng mit unserer Wut verbunden. Die scheinbar zunächst trennenden Gefühle helfen dabei, zu realisieren, was uns schützenswert und wertvoll ist. Wenn wir von dieser Klarheit ausgehen, können tiefere Verbindung und ehrlichere Begegnungen auch mit denen, deren Verhalten uns wütend macht ermöglicht werden.

Vergeltungs- und Rachegedanken und -gefühle sind besonders dann eine nachvollziehbare Reaktion auf erfahrenes Leid, wenn einzelne Täter*innen, Gruppen oder ganze Gesellschaften keine Verantwortung für ihre Schuld übernehmen. Wenn Entschuldung und Wiedergutmachung Worthülsen bleiben und sich die von Täter*innen und ihren Nachkommen dominierte Gesellschaft bereits selbst erzählt, dass jetzt ja ›auch mal genug ist‹, kann Versöhnung nur schwerlich entstehen. In der von Czollek (2022) kuratierten Ausstellung *Rache – Geschichte und Fantasie*, von welcher Ausschnitte im gleichnamigen Podcast vertont wurden, wird die Geschichte der Rache aus jüdischen Perspektiven, vor allem mit Bezug auf die Shoah erzählt. Geschichten von einem Gefühl, einer Handlung und in historischen Zeugnissen aus Kunst und Kultur festgehaltenen Fantasien, die in den immer gleichen Narrativen der deutschen Dominanzgesellschaft – der vergebenden Jüdinnen*Juden und der reumütigen Deutschen – keinen Raum haben. Czollek öffnet so einen Raum, in welchem die Notwendigkeit, weiterhin über Entschuldung zu sprechen, thematisiert wird.

Thief in the night
Tell the truth
White lives
Spreading lies
You should be ashamed
The bloodshed on your hands
Another man
Take off your badge
We all know it was murder
Murder, murder

Murder[56]

Wildfires (2020)
–Sault

3.3.4 Widerstandsgeschichten

Wo Unterdrückung ist, ist auch Widerstand. Die Geschichte des Widerstands ist folglich sehr lang und vielschichtig. Widerstandsgeschichten können Kraft geben. Es ist wichtig, dass wir sie erzählen. Und es ist besonders wichtig, den Widerstandsgeschichten derjenigen Communities, mit einer langen Geschichte der Unterdrückung und Verfolgung, zuzuhören. In Bezug auf die Shoa wird in Deutschland vorrangig von den (oft geschönten) Taten *weißer*, christlicher Deutscher[57], die als heldenhafte Retter*innen inszeniert werden, erzählt. Vom Widerstand, der von den Opfergruppen geleistet wurde, habe ich in meiner Schulzeit nichts gehört. Herschel Grynszpan, Ilse Stanley oder Marie Schmolková wurden als Jüdinnen*Juden verfolgt und kämpften zugleich gegen das nationalsozialistische Regime. Die ›Löwenbrigade‹ bestand ausschließlich aus Roma und Sinti und kämpfte in Italien gegen den Faschismus. Circa 2000 Jüdinnen*Juden waren im aktiven Widerstand gegen den deutschen Faschismus (Dörfer 2021, S. 27). Widerstand gab es in den Ghettos, durch die Partisan*innen (Kurt 2020, S. 67–73) und in der ›roten Arme‹ kämpften 500.000 Jüdinnen*Juden (Yadvashem o. J., o.S.). Ester Bejarano (jüdisch-deutsch) und Fasia Jansen (afro-deutsch) kämpften in Deutschland mit ihrer Musik auch nach 1945 ihr Leben lang gegen die Kontinuitäten des Faschismus, gegen Ignoranz und für Gerechtigkeit. Bereits vor dem 19. Jahrhundert gab es Widerstand gegen den deutschen Kolonialismus und Rassismus: Die Afrikaner Rudolf Manga Bell und Anton Wilhelm Amo lebten lange Zeit in Deutschland. Der Philosoph Amo lehrte hier kolonialismuskritisch und Manga Bell, König des Duala-Volkes kämpfte gegen Gewalt und Ausbeutung des afrikanischen Kontinents bis zu seiner Ermordung durch das

[56] Dieb in der Nacht/Sag die Wahrheit/Weißes Leben/Verbreitet Lügen/Du solltest dich schämen/Das Blutvergießen an deinen Händen/Ein weiterer Mann/Nimm deinen Anstecker ab/ Wir alle wissen, dass es/Mord war/Mord, Mord/Mord.

[57] Die Widerstandsgeschichten Staufenbergs und Schindlers sind bei genauerem Hinschauen weniger glanzvoll. Schindlers, durch den Film bekannt gewordene Geschichte ist in großen Teilen erdacht (Biermann 2005). Staufenberg war antisemitisch und wollte vor allem nicht den Krieg verlieren. Auch unter den anderen Attentätern des 20. Juli 1944 war Antisemitismus ein weit verbreitetes Phänomen und einige Attentäter waren auch am Holocaust beteiligt (Langels 2016).

Kaiserreich. Bis heute setzen besonders Menschen in der Peripherie des Kapitalismus (gezwungenermaßen) ihr Leben gegen die Ausbeutung der Erde ein[58], da besonders dort die Natur massiv ausgebeutet wird. Widerständige Bewegungen haben auch zahlreiche alternative Entwürfe von solidarischen Lebensweisen geschaffen. Ein sehr eindrückliches Beispiel sind hier die Zapatistas in Mexiko (Brand & Wissen 2017, S. 118–121).

Widerständigkeit war auch schon immer auf eine empowernde Art und Weise mit der Kunst und Kultur unterdrückter Communities verbunden. Von Voguing und Hip-Hop bis Capoeira sind Identität, tänzerische Bewegung und Communityerfahrung eng miteinander verbunden. Capoeira beispielsweise ist ein afro-brasilianischer Kampftanz, der auf den afrikanischen NíGolo (›Zebratanz‹) zurückgeht. Versklavte Menschen entwickelten die Capoeira in der Kolonialzeit und Legenden erzählen, wie sich Versklavte mit Capoeira gegen bewaffnete Sklavenhalter, verteidigten (Capoeira o. J., o. S.). Die Capoeira entwickelte sich in den *Quilombos* weiter, den zur Zeit der portugiesischen Herrschaft von geflohenen Schwarzen Versklavten gegründeten Niederlassungen in denen Menschen unterschiedlichster Religionen zusammenlebten. In der Ausstellung *O Quilombismo: Von Widerstand und Beharren. Von Flucht als Angriff. Von alternativen demokratisch-egalitären politischen Philosophien* (06–09/2023) im Haus der Kulturen der Welt (HKW, Berlin) habe ich zum ersten mal von dieser Widerstandsgeschichte gehört. Die Werke unterschiedlicher Künstler*innen erzählten von anderen Formen der Gemeinschaft und Organisation, von Widerstand, kolonialen Wunden und von Heilung. Im größten und berühmtesten Quilombo ›Palmares‹ lebten im 17 Jahrhundert zeitweise zwischen 20.000 und 30.000 Bewohner*innen, die sich gegen mehrere Versuche der Eroberung durch portugiesische Kolonialherren wehrten (Kent 1965, o. S.). Der Widerstand der Quilombos wurde zwar im 17. Jahrhundert gebrochen, die Siedlungen bestanden jedoch fort und sind auch heute noch –und wieder – Orte des Widerstandes gegen die Zerstörung des Regenwaldes (Moser & Moser 1994, S. 225). Widerstand ist mal laut und mal leise. Widerstand kann bedeuten, sich einem System zu entziehen, wegzulaufen und neue, gerechtere Strukturen oder gar Gesellschaften aufzubauen. Widerstand kann innerhalb des Systems, *from the belly oft the beast* und von außen, gegen ›die Bestie‹ geleistet werden.

[58] Zum Beispiel wurden 1995 in Nigeria ›die Ogoni 9‹, neun Umweltaktivisten gehängt. Shell wurde als Mittäter angeklagt (Amnesty 2017, o. S.).

Und weil der Mensch ein Mensch ist
Drum braucht er was zum Essen, bitte sehr
Es macht ihn kein Geschwätz nicht satt
Das schafft kein Essen her
Und weil der Mensch ein Mensch ist
Drum hat er Stiefel im Gesicht nicht gern
Er will unter sich keinen Sklaven sehen
Und über sich keinen Herrn
Das Einheitsfront Lied (1934)

–Berthold Brecht[59]

Die Lebensgeschichte Dr. Frantz Omar Fanons (1925–1961) erzählt von einem Bewusstwerdungsprozess, in Bezug auf Macht und Unterdrückungsstrukturen. Fanon war ein afro-indigener Psychiater und wurde 1925 in Martinique geboren. Er meldete sich 1944 freiwillig für den Krieg zur Befreiung Frankreichs von den Nationalsozialisten, wo er in der französischen Armee die rassistische Behandlung erfuhr, die alle Schwarze Soldaten zu spüren bekamen. Nach seinem Medizinstudium in Lyon leitete er eine eigene Station in einer Psychiatrischen Klinik im französisch besetzten Algier, der Hauptstadt von Algerien. Dort suchten viele verletzte Angehörige der Algerischen Befreiungsfront (FLN) Zuflucht. Von ihnen hörte er viele Geschichten über Mord, Unterdrückung und Folter durch die Franzosen und bemerkte, dass mit den Menschen, die als ›psychisch krank‹ markiert zu ihm kamen, nichts krank oder falsch war und dass ihnen eine Diagnose und seine Behandlungsmethoden nicht wirklich weiterhalfen. Er erkannte, dass ihre Leiden vor dem Hintergrund ihrer gewaltvollen Erfahrungen und der Kolonialisierung ihres Landes nur nachvollziehbar und ›natürlich‹ waren. Da er seine ethische Verpflichtung und sein Engagement in Solidarität mit diesen Patient*innen umsetzen wollte, fokussierte er seine Arbeit schließlich auf den Kampf zur Beendigung des kolonialen Unterdrückungssystems. Fanon schloss sich der Nationalen Befreiungsfront in Algerien an und war zeitweise Botschafter der provisorischen algerischen Regierung (GPRA) in Accra (Demirovic 2022, 00:00–07:40; Upadhyay 2022).

Widerspenstiger Widerstand
Wir widersetzen uns eurem Diktat,
Widersprechen eurer Norm und eurer Fantasie von uns

[59] Berthold Brecht (1898–1956) war ein einflussreicher deutscher Dramatiker, und Lyriker und Kapitalismuskritiker. Seine Werke wurden durch die Nationalsozialisten verboten.

Widerlegen eure Logik
Wieder und wieder stehen wir auf und verbünden uns
Widerrufen den unrechten Vertrag,
Widerstehen der Versuchung, die Hoffnung zu verlieren
Widersagen der Müdigkeit
Unsagbares ist uns widerfahren
Ein [Widersacher] der sich Kolumbus nannt,
Widewidewitt bum bum
Widerlich
Zuwider ist uns eure Ignoranz

3.3.5 Wie sollen wir kämpfen?

Audre Lordes und bell hooks Texte[60] haben mich immer wieder angeregt, darüber nachzudenken, *wie* wir kämpfen sollen. Diese Frage spaltet oftmals politische Bewegungen. Wie können wir solidarisch kämpfen? Wie sollen wir kämpfen, um letztlich zu heilen? Und wie kämpfen, ohne uns selbst dabei zu verletzen und zu verhärten?

So wie Freiheit ein ständiges Ringen ist (Davis 2015), ist es auch Verbundenheit. Eigentlich verbundene Kämpfe verlieren sich nicht selten in Selbstprofilierung, Abgrenzung und Rechthaberei, anstatt den Fokus auf Gemeinsames zu legen. Der ›Gedanke des Getrenntseins‹ (Mitchell 2020) erschwert es, unsere Fähigkeit zum solidarischen Miteinander zu leben. Auch innerhalb von Communities wird dann gestritten, was zu radikal oder nicht radikal genug ist, anstatt unterschiedliche Arten des Widerstandes wertzuschätzen und zuzulassen. Vesper Moore thematisiert in einem Online-Talk (2022, 1:12:32–1:15:10), wie binäres Denken oft gemeinsame politische Kämpfen erschwert. Moore spricht sich dafür aus, verschiedene Perspektiven zu akzeptieren und im verbundenen Kampf zusammenzukommen.

Im Angesicht der über Jahrhunderte gefestigten Macht- und Unterdrückungsstrukturen und ihrer Verflechtungen müssen auch alle Kämpfe gegen diese Strukturen als verbunden begriffen werden. Miteinander und voneinander zu lernen und sich gemeinsam zu organisieren ist eine politische Praxis, die das Überleben Marginalisierter gesichert hat und dies bis heute tut. Die Organisation in solidarischen Gruppen, Gemeinschaften und Kollektiven ist nicht nur von

[60] Vor allem Lordes *Sister Outsider* (2021 [1984]) und hook's *Sehnsucht und Widerstand* (1996).

politischem und ökonomischem Vorteil, sondern auch für die biopsychosoziale Gesundheit unabdingbar.

Der Struggle ist beständig, der nächste Backlash, der Rückfall in alte und noch ältere rassistische und menschenfeindliche europäische Traditionen. Stetig dagegenhalten, arbeiten, aufklären, geduldig sein und die Hoffnung nicht verlieren, die aberzogene und unterdrückte Wut reaktivieren, um Kraft für den Kampf zu haben. Den Kampf darum, gehört zu werden. Den Kampf für gleiche Rechte, Befreiung und Gerechtigkeit. Den Kampf für das Überleben der Geschwister in der Ferne. Überleben und Gesundheit unserer Psyche, unserer Körper, Beziehungen und unserer Lebensgrundlage der Natur.

Ein gemeinsamer Kampf bedeutet auch, dass wir Konflikte und Aushandlungsprozesse nicht umgehen können. Mit ›Verbindung‹ ist keine künstliche Harmonisierung gemeint, die versucht, Unterschiede in Meinungen und Erfahrungswelten auszubügeln. Es braucht selbstverständlich Raum für Unterschied und für Widersprüche. Es braucht auch Grenzen und Schutzräume und manchmal muss akzeptiert werden, wenn Verbindungen nicht (wieder-)herzustellen sind. Verbindung und Versöhnung passieren, wie oben beschrieben, nicht ›einfach so‹, sondern es braucht Gesprächsformate, Verantwortungsübernahme und Veränderungen in der Gegenwart. Dass viele Konflikte oft wiederkehren, löst oft Ungeduld und Hoffnungslosigkeit aus, so schreibt Sherri Mitchell (2020, S. 120 f.). Trotzdem sei es wichtig, Konflikten nicht angstvoll und vermeidend zu begegnen, sondern sie als Chance für Wachstum von Individuen, Communities und Gesellschaft zu begreifen. Immer neue Wege müssten ausprobiert und als Gelegenheit zur Entwicklung neuer Ideen verstanden werden (Mitchell 2020, S. 120 f.). Mitchell erläutert Aushandlungsprozesse indigener Gesellschaften, die auf Konsensprinzipien beruhen, in denen alle Beteiligten angehört werden können, um zu beratschlagen, abzuwägen und eine Lösung oder einen Kompromiss zu finden, den alle gemeinsam tragen können (ebd., S. 126). Eurozentrische Vorstellungen und Praktiken der Entscheidungsfindung funktionieren oft im Mehrheitsprinzip, welche weniger Harmonie und Zufriedenheit hervorbringen, als dies mit Konsensprinzipien[61] der Fall ist, so Mitchell (2020, S. 127 ff.). Sie problematisiert weiter, wie sich die Art der Entscheidungsfindung negativ auf die Gesellschaft auswirkt. Statt ›Eile‹ lautet die Zauberformel also ›Entschleunigung‹, denn unter (kapitalistischem) Zeitdruck treffen sich keine guten Entscheidungen.

[61] Viele Gemeinschaften, Hausprojekte und Wohngemeinschaften, auch in Deutschland (die ich besucht habe) und Europa, treffen Entscheidungen nach diesem Prinzip, was in der Praxis unterschiedlich ausformuliert wird.

Verlangsamung passiert in aktivistischen Prozessen auch, wenn Menschen mit verschiedenen Lebenserfahrungen und mit unterschiedlichen gesellschaftlichen Positionierungen aufeinandertreffen. Unsere Unterschiede, was unserer Privilegien und Unterdrückungserfahrungen angeht, erfordern, dass wir uns gegenseitig zuhören, miteinander lernen und verlernen, denn ein einzelner Blickwinkel ist immer begrenzt. Audre Lorde schreibt dazu:»Nicht Unterschiede lähmen uns, sondern Schweigen« (Lorde 2021 [1984], S. 39) und bezieht sich auf Diskriminierungserfahrungen, die sie als Schwarze lesbische Frau innerhalb der *weiß* dominierten Frauenbewegung erfährt. So zu tun, als wären alle Frauen gleich und ihre unterschiedlichen Erfahrungen zu missachten, helfe nicht weiter. Ebenso hinderlich für einen gemeinsamen Kampf sei das Schweigen über Rassismus. Lorde (ebd. S. 39) ermutigt von Rassismus betroffene Frauen, ihre Wahrheit authentisch mitzuteilen und fordert auch Nichtbetroffene auf, nicht aus Angst vor Unbequemlichkeit über Rassismus und andere Unterdrückungsformen zu schweigen. Wenn wir benennen, was uns Unterschiedliches widerfahren ist und authentisch als ›ganze Person‹ im geteilten Raum sein können, können wir auch wieder zu dem finden, was uns verbindet. So kann Heilung auch in Freund*innenschaften[62] zwischen ›Ungleichen‹ gefunden werden und wir können, indem wir an Beziehungen arbeiten, nicht nur für uns selbst etwas heilen, sondern auch für die Menschen neben uns und für die, die noch kommen. Und möglicherweise führen wir damit die Heilungsarbeit unsere Vorfahren fort. In Liebesbeziehungen zu Freund*innen, Partner*innen und auch in weiterentfernten Beziehungen, können wir daran arbeiten, dem Bild des Getrenntseins etwas entgegenzusetzen. Dann können wir auch in unserer politischen Praxis die Vision der Verbundenheit in die Realität zu holen versuchen.

Don't you know
Talking about a revolution?
It sounds like a whisper
Poor people gonna rise up
And get their share
Poor people gonna rise up
And take what's theirs

[62] Maria do Mar Castro Varela und Bahar Oghalai (2023) beschreiben das transformatorische Potential von Freund*innenschaft in politischen Kämpfen. Freund*innenschaftliche Beziehungen halten politische Kämpfe nicht selten zusammen und aus den Qualitäten von Freund*innenschaft kann für verbundenere Kämpfe viel gelernt werden (Castro Varela & Oghalai 2023, S. 37–72). Unter Freund*innenschaft wird hier nicht das gleiche wie unter Allyship verstanden.

Don't you know you better run, run, run, run, run, run
Talking' Bout a Revolution (1988)

–Tracy Chapman

Zwischenresümee zum Dreiklang 4

In diesem Teil wird die Gleichzeitigkeit von *ongoing wounding, healing and struggle* als ›Dreiklang‹ beschrieben. Ich zeige in Erinnerungssequenzen, was Tanzen als eine Form des Selbstausdrucks für mich im Kontext des verwundetwerdens, heilens und kämpfens für eine Bedeutung hat und wie aus diesen Erfahrungen für mich Quellen der Kraft entspringen. Mit Bezug auf die Passagen im Dreiklang, die unterschiedliche Gefühle thematisiert haben, schreibe ich zudem über die Kraft der Verletzlichkeit. Schließlich geht es um transformatorische und emanzipatorische Heilungs- und Unterstützungsverständnisse marginalisierter Communities. Abschnitt 4.4 fasst ein mögliches und sich aus der Arbeit ergebendes Verständnis von Heilung zusammen.

4.1 Der Dreiklang im Tanz. Vernarbungen und Schmerz-Früchte

Der alte weiße Typ mit rotem Gesicht grinst, doppelt so alt wie ich, will ein Selfie mit mir, damit er vor seinem Kollegen angeben kann, sagt er, der habe mich gestern auch so geil gefunden, schon an der Bar haben sie mich beobachtet, sagt er, ich habe so feurig getanzt, schon da bin ich ihnen aufgefallen. Feurig oder, rassig, oder wild? Ich weiß es nicht mehr. Scham und Ekel jedenfalls, und er kommt noch dreimal an und ist immer in unserer Nähe und wenn ich beim Tanzen die Augen aufmache, ist da sein Grinsen. Und am dritten Tag halte ich immer Ausschau, ob er in der Nähe ist. Unauffällig. Wenn er nicht da ist, strenge ich mich an, mich zu entspannen. Ich bemühe mich wirklich. Aber das Gefühl will nicht weggehen. Und zwei Tage lang vergesse ich, was ich eigentlich weiß: dass das so nicht normal sein muss. Dass ich das nicht aushalten muss.

Ich erinnere mich nicht wörtlich daran, dass mir jemand gesagt hat: »beweg deine Hüften beim Tanzen nicht zu viel, nimm nicht zu viel Raum, tanz nicht zu schön oder auffallend, vor allem nicht zu Trommelmusik. Nicht billig, nicht zu sexy, nicht zu wild,

R. Goltz, *Healing als politische Praxis*, BestMasters,
https://doi.org/10.1007/978-3-658-51087-9_4

mach keine Show. Sonst reizt du sie.« Aber die Summe all der Kommentare macht, dass genau diese Tonspur sich in meinem Kopf abspielt, wenn ich tanze.

In einem Partykeller in einer Jungendherberge, am letzten Abend des Wochenendes, Jung und Alt, 50 Schwarze Menschen, tanzend. Ich bin Teil dieses Moments, bewege mich, lasse los, Kopf aus. Dabei weine und lache ich abwechselnd, manchmal gleichzeitig. Tanze und weine und das ist ok und es gehört in diesem Moment einfach so zusammen. Vergangenheit und Gegenwart fließen zusammen– ich bin traurig und dankbar zugleich. Keine Blicke, einfach nur ich und meine Gefühle und Verbundenheit mit allen hier.

Im Tanzen fühle ich die Wunden, die sich in meinen Körper eingeschrieben haben. Die rassistischen und sexistischen Zuschreibungen. Ich kann diese Wunden tanzend in Bewegung bringen, die Zuschreibungen abschütteln und mir meinen Körper wieder zu eigen machen. Im Tanz erlebe ich eine Transformation von der Verwundungserfahrung hin zu einer Quelle der Kraft.

The dance is not where we lose ourselves. But where we find ourselves.

–Gabrielle Roth

Die letzte Heilungsfrage in Jacksons Paper (2017), fragt nach den Lehren, die auf der Grundlage eigener Erfahrungen mit Machtverletzungen und Heilung mit anderen geteilt werden können (S. 63). Ich habe in meiner Bachelorarbeit damit begonnen, mir die Machtverletzungen, die ich durch Rassismus erfahren habe, anzuschauen und erste Schritte meines Politisierungsprozesses nachgezeichnet (Goltz 2023). Und zwei Jahre später schaue ich auf Heilungsprozesse zurück, die sich für mich um die oben genannte Frage bewegen. Mein diskriminierungs- und machtkritisches Wissen, in der Hochschullehre weitergeben zu können, und mit Studierenden zu lernen, wie gemeinsam gelernt und verlernt werden kann, nimmt mir einige meiner Ohnmachtsgefühle, die ich in Bezug auf gesellschaftliche Strukturen erlebe. Zudem beschäftige ich mich ehrenamtlich und beruflich mit der Unterstützung Schwarzer Kinder und Jugendlicher (unter anderem auf dem Land) und ihrer Bezugssysteme. Diese Erfahrungen bringen mich an manche Schmerzpunkte und öffnen vor allem aber Räume der (Selbst-)Reflektion, Transformation und Heilung. Ein in Systemen psychosozialer Gesundheitsversorgung dominantes Verständnis, welches Unterstützungssuchende als in vielerlei Hinsicht minderwertig anschaut, verletzt nicht nur deren Selbstwert und Selbstwahrnehmung, sondern verkennt auch die Kraft und das Veränderungspotential, was aus Verwundung entstehen und transformativ in die Gesellschaft wirken kann.

4.1.1 Die Verbundenheit von *wounding, healing* und *struggle*

Während des Schreibens und dem Versuch, meine Gedanken zu sortieren und nachvollziehbar zu machen, war ich zwischen Ordnung und Chaos immer wieder hin- und hergerissen. Zwischen sortieren, strukturieren und gewissermaßen zerteilen, um Lesegewohnheiten zu befrieden, oder chaotisch, verbunden einfach alles runterschreiben, so wie es für mich zusammenhängt und mir in den Kopf kommt. Die Dreigliederung ist ein Strukturversuch, eine Möglichkeit von vielen und ich habe eher das Bild eines Kreises, mehrerer ineinandergreifender Kreise, oder einer Spirale, als das einer Linie vor Augen.

Es war mir beim Schreiben kaum möglich, über Verwundung(en) zu schreiben und nicht gleichzeitig Heilungsansätze mitzubenennen. Die Wunde zu verstehen, heißt auf dem Weg der Heilung zu sein. Verwundet werden, heilen und kämpfen verstehe ich als Lebensrealität marginalisierter Menschen und Communities. Dieser ›Dreiklang‹ zeigt sich in Verwundungserfahrungen und in Überlebensstrategien. Manchmal unbewusst, wenn ich zum Beispiel noch keine Worte habe, um meine Verletzungserfahrungen zu beschreiben und zu begreifen und wenn sie sich in Gefühlen der Ohnmacht vernebeln. Und manchmal sichtbarer, wenn wir uns der Verwundungserfahrungen durch Macht- und Unterdrückungsstrukturen bewusst werden, wenn wir uns verbünden und gegenseitig (unter-) stützen, und nach Formen eines solidarischen Kampfes suchen, der die umfassende Verbundenheit und ein Ende aller Unterdrückung zum Ziel hat.

Auf einer Demonstration weine ich und fühle Schmerz und Wut über das Unrecht, was so viele auf die Straße bringt. Und ich fühle mich neben meinen Freund*innen und all den anderen, die mit uns wütend eine Veränderung fordern auch kraftvoll und meine Hoffnung auf Veränderung wächst wieder. Lese ich May Ayims Gedichte, fühle ich die Tiefe der Wunden, und die Kraft, die in ihrer Fähigkeit des gefühlvollen Schreibens liegt.

›Dreiklang‹ heißt für mich auch Gleichzeitigkeit und soll die Notwendigkeit unterstreichen, Verwundung durch strukturelle Unterdrückung, Heilungsbewegungen und Widerstand zusammen zu denken. Zu viel Fokus auf Heilung oder widerständigen Aktivismus als Reaktionen auf die Verwundung kann in Kombination mit Gedanken der Trennung und Tendenzen der Individualisierung zu einem unguten Ungleichgewicht führen. Ein verzweifeltes Gefühl, alles geben zu müssen und allein für die Rettung der Welt zuständig zu sein, brennt Menschen aus. Ausschließlich in die Gefühle der Wunde zu gehen und den eigenen Innenraum nur mit dem Schmerz auszufüllen, raubt (Über-)Lebenskraft und macht Zukunftsvisionen unmöglich. Wenn zum Beispiel in aktivistischen Räumen kein Platz für

Befindlichkeiten und Verletzlichkeiten ist und eine Kultur der Besserwisserei, Selbstprofilierung und des Leistungsdrucks herrscht, kann daraus nur schwerlich Transformation erwachsen. Ebenso so schwer wird es, wenn Heilungsräume unpolitisch sind, Macht und Ohnmacht nicht thematisiert, die eigenen Privilegien nicht reflektiert und Aktivismus oder auch politische Meinungsbildung als ›zu anstrengend‹ oder zu ›kompliziert‹ verunmöglicht werden[1].

Wir haben nur die Kraft für den Kampf, für das stetige angegriffen werden und Widerstand leisten, wenn wir auch Räume der Heilung haben. Diese Räume können aber auch aktivistische Räume sein.

4.2 Über die Kraft der Verletzlichkeit

Du, lass dich nicht verhärten
In dieser harten Zeit
Die allzu hart sind, brechen
Die allzu spitz sind, stechen
Und brechen ab sogleich
Und brechen ab sogleich

Ermutigung (1973)
–Wolf Biermann[2]

Was sich durch alle drei Kapitel des Dreiklangs zieht, ist eine Beschäftigung mit Gefühlen. Ich habe mehr und mehr verstanden, welche Bedeutung und Wichtigkeit Gefühle und Verletzlichkeit für Heilung als eine politische Praxis haben. Ich habe einige Gefühle beschrieben, die im Kontext von Unterdrückungserfahrungen eine wichtige Rolle spielen und unter anderem am Beispiel von ›Wut‹ habe ich gezeigt, dass es Marginalisierten teilweise strukturell ›von außen‹ erschwert wird, bestimmte Gefühle zu fühlen. Gefühle zu betäuben, zu rationalisieren oder wegzudrücken kann zudem eine legitime Bewältigungsstrategie und ein Selbstschutz sein, der zuweilen das eigene Überleben sichern kann (Gutiérrez 2022, S. 8),

[1] Solche Räume habe ich erlebt. Es waren *weiß* dominierte Räume und eben diese Positionierung schien von den Anwesenden nicht bewusst oder wenig reflektiert zu sein. Diese tendenziöse Beschreibung ist selbstverständlich nicht immer so binär, aber ich beobachte diese Tendenz.

[2] Wolf Biermann (*1936), deutscher Liedermacher und Lyriker siedelte als kommunistischer Jugendlicher in die DDR über. Durch seine Kritik an der SED und der DDR wurde er 1976 aus derselbigen ausgebürgert. Ich zitiere ihn hier mit ambivalenten Gefühlen, da ich einigen aktuellen Aussagen Biermanns sehr widerspreche.

denn die Verwundungen zu fühlen ist unter Umständen zu schmerzhaft. Fühlen verlangsamt und braucht innerliche Kapazitäten, Raum und Zeit. In einer unsicheren Umgebung, in der das nächste Verletzungspotential nicht lange auf sich warten lässt, sind ›Schutzwände‹ daher wichtig. Mit einer ›harten‹ oder ›spitzen‹ Schutzwand werden jedoch oft auch angenehme, schöne Erfahrungen und Gefühle ferngehalten und Heilungspotentiale verringern sich. Diese trennenden, verhärteten Schutzwände führen nicht selten zu weiteren inter- und intrapersonellen Verletzungen, denn nicht zu fühlen heißt auch, den Kontakt zu sich und zu anderen zu verlieren. Ginwright beschreibt, wie er über die Bluesmusik von der verbindenden Kraft gelernt hat, die darin liegt, sich verletzlich zu zeigen und die eigenen Gefühle und den Schmerz auszudrücken (2021, S. 98–108). Besonders in Bezug auf strukturelle Unterdrückungserfahrungen bleibt es also eine Herausforderung, zwischen dem Sich-Schützen und zugleich ›Aufmachen‹, ein gutes Gleichgewicht zu finden.

Am Beispiel von Rassismus nennt Jule Bönkost (2016, S. 6) einige Studien, die darauf hinweisen, dass Gefühle als Motor von Rassismus maßgebliche Hindernisse für die Kritik an Rassismus darstellen. Bestimmte Gefühlskombinationen wirken sich jedoch auch begünstigend auf das rassismuskritische (ver-)lernen, die Reflexion von Privilegien und einen verantwortungsvollen Umgang damit, aus[3]. Bönkost beschreibt zunächst Forschungsergebnisse, die sich mit ›*weißen* Emotionen‹ befassen. Mit Aspekten von Gefühlen also, die in Anbindung an die soziale Position *weiß*, eine spezifische Funktion und Ausdrucksform haben. Diese sind unter anderem *weiße* Angst, Schuld, Scham, Apathie und sind als ›emotionale Kosten‹ des Rassismus für *weiße* zu verzeichnen (Bönkost 2016, S. 6 f.). Die Amerikanistin und Kulturwissenschaftlerin verweist auf Schwarze Feministinnen wie bell hooks (2010) und Audre Lorde (2007), die aufgezeigt haben, dass es sich bei den Emotionen, die durch die Realisierung und Thematisierung von Rassismus hervorgerufen werden, nicht nur um individuelle Befindlichkeiten handelt

[3] Die Befragungen von Spaniermann und Kolleg*innen (2006) mit 230 *weißen* Studierenden, die verschiedene psychosoziale Kosten des Rassismus für *weiße* in ihrer Beziehung zueinander analysierten, brachten fünf Clustergruppen von Gefühlskombinationen hervor. Eine Gruppe, als ›informed empathy and guilt‹ bezeichnet, hatte die höchsten Schuld-Werte, hohe Werte bei empathischen Reaktionen und niedrigen Angstwerten und wurde von den Forscher*innen als am wünschenswertesten beschrieben (Spanierman et. al. 2006, S. 437 ff.). Eine weitere Gruppe, als ›intensitive and afraid‹ bezeichnet, hatte zum Beispiel hohe Angst-Werte, niedrige Schuld- und niedrige Werte bei empathischen Reaktionen. Unter Berücksichtigung der Ergebnissen der Analyse, könnten Lehre und Vermittlung besser konzipiert werden und Studierende an verschiedenen Ausgangspunkten abgeholt werden, so Spanierman et. al. (in Bönkost 2016, S. 8).

»sondern dass die Gefühle selbst Ausdruck der komplexen Strukturen des Rassismus sind.« (Bönkost 2016, S. 4). Bönkost bezieht sich in ihrem Paper vor allem auf *weiße* Emotionen, aber auch für von Rassismus Betroffene, so habe ich aufgezeigt, können Gefühlsräume stark von Rassismuserfahrungen geprägt sein und vice versa. Die Befreiung von (verinnerlichten) Rassismen kann so auch für von Rassismus Betroffene in bestimmten Gefühlskombinationen mal begünstigt und in anderen Kombinationen erschwert werden. Die Bedeutung und Auswirkung von Gefühlen und Beziehungen auf das (ver-)Lernen kann auch neurobiologisch nachgewiesen werden (Hüther 2015).

Gefühle werden in dominanten eurozentrischen Verständnissen von Wissensgewinnung größtenteils ausgeklammert. Hier werde alles, was als emotional, persönlich, subjektiv, Meinung und Erfahrung markiert ist, disqualifiziert und an den Rand verschoben, so Kilomba (2020, S. 26). Das Wissen, was den Menschen im ›Zentrum‹, also der Dominanzgesellschaft zugeschrieben wird, sei hingegen als universell, objektiv, neutral, faktisch und rational markiert und legitimiert (ebd., S. 26). Gefühle zu thematisieren kann als eine feministische und dekoloniale widerständige Praxis, im Kontrast zu eurozentrisch-traditionellen Wissensverständnissen und Wissensproduktionszugängen, verstanden werden.

Im ›Heilungswerkzeugkasten‹ sei die emotionale Verletzlichkeit das Werkzeug, was die Konstrukte der Herrschenden auseinandernimmt, so schreibt die antirassistische Aktivistin Myisha T. Hill (2022, S. 130)[4]. Verletzlichkeit bedeute, man selbst zu sein und sich nicht hinter einer Fassade zu verstecken. Es umfasse und ermögliche Liebe, Freiheit, Autonomie, Empathie und Selbstmitgefühl. In den letzten Jahren sind einige Veröffentlichungen von BIPoC und oder FLINTA* Personen erschienen, die sich mit der befreienden, aktivierenden und widerständigen Kraft unterschiedlicher und oft tabuisierter Gefühle beschäftigt haben[5]. Myisha T. Hill (2022, S. 125) schreibt: »Supremacy requires we deny our feelings and emotions. It trains us to disassociate with anything that is outside of the intellect; we replace feelings and emotions with high-value quantitative analysis«[6]. Zu fühlen ist demnach ein widerständiger Akt, aus dem Bewusstsein und verbindende Handlung erwachsen kann.

---

[4] Myisha T. Hill hat mit *Heal Your Way Forward* (2022) ein antirassistisches Arbeitsbuch geschaffen, was intergenerationale Heilung auf einem aktivistischen Weg für *weiße* Menschen anbietet.

[5] Zum Beispiel *Wut und Böse* von Ciani-Sophia Höder (2021).

[6] »Die Vorherrschaft verlangt, dass wir unsere Gefühle und Emotionen verleugnen. Sie trainiert uns, uns von allem zu distanzieren, was außerhalb des Intellekts liegt; wir ersetzen Gefühle und Emotionen durch hochwertige quantitative Analysen.«

Ich habe Angst, zu fühlen. Angst überschwemmt zu werden, den Halt zu verlieren. Ich will mich fühlen. Uns fühlen. Fühlen, dass ich lebe. Dass ich Mensch bin. Was ich will und wann genug ist. Bevor es zu spät ist. Meine Grenzen fühlen, bevor es zu viel wird. Bevor ich ausbrenne. Vorher fühlen und wissen, dass ich etwas verändern muss.

In den drei Kapiteln des Hauptteils habe ich versucht dem Fühlen, Denken und Handeln Raum zu geben. Eine Verbindung dieser Spähren ist in Veröffentlichungen unter anderem von Lorde und hooks zentral. Die Getrenntheit wiederum zeigt sich für mich symptomatisch in unserer Gesellschaft. In den (Natur-) Wissenschaften sammeln sich zahlreiche Berichte, Befragungen, qualitative und quantitative Studien, die nicht erst seit gestern die Unterdrückung von Menschen und die Zerstörung des Planeten belegen. Auf dieses Wissen folgen allzu selten verändernde Taten und Entscheidungen seitens der Politik. Die Wirtschaft handelt nach ihrem eigenen unnachhaltigen kapitalistischen Regelwerk, ignoriert, dass die Menschheit darunter leidet und dass die Unvereinbarkeit von exponentiellem Wachstum und der Erhaltung des (bewohnbaren) Planeten längst wissenschaftlich belegt ist. Die Berufe im Sozialen wissen zwar um das Leiden der Menschen, durch unzureichende Machtanalysen fehlt jedoch der größere Blick, der Strukturen der Unterdrückung hinterfragen und angreifen würde. Auf der strukturellen Ebene gibt es hier eine teils reale und teils gefühlte (Handlungs-)Ohnmächtigkeit. Auf dem Weg zur Verbundenheit brauchen alle Gefühle ihren Raum, auch wenn sie scheinbar zu Trennung führen, weil sie wie Wut und Hass, der Abgrenzung von Unterdrückung dienen. Alle Gefühle anzuerkennen, kann Ehrlichkeit und tatsächliche Begegnung mit uns unserem Gegenüber und der (gesellschaftlichen) Realität ermöglichen.

Wir müssen fühlen, um zu wissen was dem Leben dient
und dies dann in weise Taten überführen.

4.3 Transformatorische und Emanzipatorische Heilungs- und Unterstützungsverständnisse marginalisierter Communities

Die Realität marginalisierter Communities habe ich mit dem Dreiklang, welcher sowohl Verständnisse von Verwundung, als auch Verständnisse und Ansätze von Heilung und Kampf beinhaltet, zu beschreiben versucht. Die Verwundung durch strukturelle Unterdrückungserfahrungen bringt die Notwendigkeit struktureller Heilung mit sich, die mit einem widerständigen Kampf gegen Unterdrückung eng verbunden ist. Die Verwundungserfahrung ist fortlaufend, kollektiv und transgenerational und ebenso müssten Heilungsprozesse gedacht werden. Unterdrückung wurde als Ursache der strukturellen Verwundungserfahrung festgestellt, und die Befreiung von Unterdrückung als grundlegend wichtiger Schritt für einen Heilungsweg. Die Verwundungs-, Heilungs- und Unterstützungsverständnisse, die ich gezeigt habe, verbindet eben dieses Bewusstsein der gemeinsamen Unterdrückungserfahrung. Das bringt politisierte und machtkritische Zugänge hervor, die entgegen individualisierenden und trennenden Tendenzen in dominanten Systemen psychosozialer Gesundheitsversorgung eine Communityorientierung aufweisen, die zum Beispiel im Sinne der *Ubuntu*-Philosophie anerkennen, dass wir verbunden sind und unsere individuelle Heilung, mit der unserer Community und der Veränderung der Gesellschaft als Ganzes zusammenhängt. Eine verbundene Selbstermächtigung kann zum Beispiel in Empowermenträumen stattfinden, welche auch als sicherere Räume (*safer spaces*), Gefühlen, die in der Dominanzgesellschaft unterdrückt werden (müssen), Platz einräumen. Räume, in denen marginalisierte Menschen ganz (da) sein können. Vanessa Jacksons ›Machtbasierte Therapie‹ (*powerbased therapy*) wurde als ein Beispiel für einen Ansatz, der Macht- und Unterdrückungsstrukturen mitdenkt, vorgestellt. Die *ubuntu*-Philosophie und das Verständnis einer ganzheitlichen Verbundenheit auch mit dem Planeten, setzen dem Gedanken des Getrenntseins den Gedanken der Verbundenheit entgegen, der über die Verbundenheit in Communitys und über (zwischen-)menschliche Beziehungen hinausgeht. Die Heilung marginalisierter Individuen und Communities hängt stark mit der Transformation der jeweiligen Gesellschaft und mit der globalen Verwundungserfahrungen durch Kolonialismus, die Auswirkungen der imperialen Lebensweise und die konstruierten Differenzlinien zusammen. Das Persönliche ist politisch, und das Politische ist besonders für marginalisierte Bevölkerungsgruppen persönlich (Jackson 2017, S. 57). In einem Ringen und dem Kampf (*struggle*) um Anerkennung des Unrechts, Entschuldung und auf einer individuellen Ebene auch um Versöhnung, braucht es Formate für Aushandlung, transformative Konfliktarbeit und Begegnung, in denen binäre Trennungsgedanken und Unterdrückungsmechanismen bearbeitet und aufgelöst werden. Wenn verwunden und verwundet werden, als multidimensionales Geflecht von Beziehungen und Geschichten verstanden werden, wird ›Heilung‹ darin zu einer gemeinsamen Aufgabe. Heilungs- und Unterstützungsverständnisse marginalisierter Communities gehen, wie sie hier ausgearbeitet wurden, über den Rahmen eurozentrischer, dominanter psychosozialer Gesundheitssysteme weit hinaus.

4.4 Ein mögliches Heilungsverständnis

Ich habe versucht, ein Heilungsverständnis abseits von ableistischen und sanistischen Vorstellungen zu finden.

Vanessa Jackson (2017, S. 59) schreibt: »My definition of healed includes the development of knowledge and skills that allow one to feel that an emotional injury or wound has been resolved and that he or she [or they] could reasonably deal with future life challenges with a sense of optimism.«[7]. Auch die Widerherstellung oder das Aufbauen von Flexibilität, Hoffnung und einem Gefühl der Handlungsfähigkeit und Kompetenz gehören zu ihrem Verständnis von geheilt sein. Heilung beinhaltet den Weg zur Zurückerhaltung des eigenen Machtbereichs. Den universellen, festen ›geheilten Zustand‹ gibt es, wie auch in Jacksons Zitat durchklingt, nicht. Heilung wird nicht einmal erarbeitet und hält dann für immer an. Aber ein heilsames Gefühl von ›Ganz sein‹ kann auch trotz bestehender Unterdrückungserfahrungen (und realer Machtlosigkeit) und trotz erfahrener Verwundungen entstehen. Heilung ist für mich etwas, das wir bewusst oder unbewusst anstreben. Heilung als ein Weg, eine Suche und ein Prozess, so wie es das Leben ist. Ich denke nicht, dass lernen und heilen je aufhören. Es kommen neue Erfahrungen und auch Verletzungen hinzu und so wie wir uns verändern, wird sich vermutlich auch unserer Vorstellung von dem, was sich ›heil‹ anfühlt, verändern.

Heilung erlebe ich mal als ein kräftezehrendes Ringen und mal als eine neugierige Suche. Für beides braucht es die Flexibilität und Handlungsfähigkeit, die Jackson oben nennt. Und es muss so viel Hoffnung und Vertrauen in sich selbst oder mit anderen zusammen in das Leben und in die Welt hergestellt werden können, dass ein Umgang mit der Unbeständigkeit, die beide kennzeichnet, gefunden werden kann. Dann bedeutet Heilung auch Wachstum und Transformation. Dieses Heilungsverständnis basiert auf einem Verständnis von Ganzsein, welches auch die Suche nach dem Selbst und nach Integrität beinhaltet. Wir können ›Ganz-sein‹ trotz unserer Verletzungs- und Diskriminierungserfahrungen.

---

[7] »Meine Definition von Heilung umfasst die Entwicklung von Kenntnissen und Fähigkeiten, die es einem Menschen ermöglichen, das Gefühl zu haben, dass eine emotionale Verletzung oder Wunde überwunden wurde und dass er oder sie zukünftigen Herausforderungen im Leben mit einem Gefühl des Optimismus begegnen kann.«

Heilung ist die Vision und Suche nach Verbundenheit. Mit sich selbst, in Beziehung, in Gemeinschaft oder Community, der Gesellschaft und der Natur. Heilung ist für mich etwas, das schwer festschreibbar ist und was so subjektiv ist, wie Menschen einzigartig sind. Wir alle starten an einem anderen Punkt, Veränderung und Wachstum sind nicht linear und unser Ziel ist unterschiedlich. Das Ziel verändert sich mit uns und den Umständen.

Marginalisierte Zugänge und Verständnisse von Heilung und Unterstützung in dominanten Systemen psychosozialer Gesundheitsversorgung

5

Im Folgenden will ich überlegen, inwieweit Heilungs- und Unterstützungsverständnisse marginalisierter Communities in dominante Systeme psychosozialer Gesundheitsversorgung implementiert werden können. Um zunächst einige grundlegende Spannungen, Herausforderungen und Un-Möglichkeiten aufzeigen zu können, führe ich zwei weitere Begriffe ein, die zur Beantwortung der Ausgangsfrage relevant sind. Ich beschreibe im Folgenden mit der ›Kooptation‹ einen wirkmächtigen Mechanismus, der Transformationsbemühungen oft verunmöglicht oder erschwert (Abschn. 5.1.1). Im Anschluss werde ich mit einer abolitionistischen Perspektive und dem Begriff der ›Entprofessionalisierung‹, einen neuen Raum öffnen (Abschn. 5.1.2), der mit einigen Impulsen und Möglichkeiten gefüllt werden soll, die sich aus der Arbeit ergeben (Abschn. 5.1.3).

5.1 Widersprüche und Spannungen

Wie gezeigt wurde, werden marginalisierte Communities in Systemen der psychosozialen Hilfe benachteiligt und ihre strukturellen Verwundungserfahrungen finden wenig Beachtung. Es besteht eine grundsätzliche Spannung zwischen dominanten Systemen psychosozialer Gesundheitsversorgung und dem in dieser Arbeit angezeichneten politisierten Verständnis von Heilung. Diese ergibt sich aus den gewaltvollen Entstehungsgeschichte(n) und der heutigen Ausformung eurozentrischer Systeme psychosozialer Hilfe und Unterstützung, welche Teil der auf Unterdrückung basierenden Herrschaftssysteme sind, die Privilegien

R. Goltz, *Healing als politische Praxis*, BestMasters,
https://doi.org/10.1007/978-3-658-51087-9_5

nur für manche sichern. Nur für manche sichern können, aufgrund kapitalistischer Konkurrenzlogiken, der multiplen Krisen und nur für manche sichern wollen, aufgrund der historisch gewachsenen Differenzlinien, die den Bedürfnissen und der Existenz mehrheitlicher Teile der Weltbevölkerung weniger Wert zumessen als der konstruierten (minderheitlichen) Norm. Der Frage der Implementierbarkeit nachgehend, will ich zunächst einen allgemeineren kritischen Blick auf Bemühungen der Reformation unterdrückender Systeme voranstellen. Denn es gibt die Erfahrung, dass Leitfäden, kluge Konzepte oder Begriffe mit Transformationspotential letztlich entpolitisiert Eingang in dominante Systeme finden.

5.1.1 Gefahren der Kooptation

Kooptation ist ein Prozess, der transformative Ideen, Konzepte und Ansätze in bestehende Systeme so einfügt, diese vereinnahmt und sich einverleibt, dass ihre radikalen Grundgedanken und das transformative Potential dabei verloren gehen. Grundlegende Veränderungen im System werden so verhindert. Wenn zum Beispiel Bewegungen, die für sozialen Wandel kämpfen, kleine Zugeständnisse gemacht werden, eine strukturelle Machtumverteilung jedoch ausbleibt, wirken oftmals Prozesse der Kooptation. Ein Beispiel hierfür ist der Empowerment-Begriff, der zumindest in einer weit verbreiten Nutzung, seine ursprüngliche politische und communityorientierte Bedeutung verloren hat. Brand und Wissen beschreiben, wie letztlich alle Bewegungen der 70er Jahre, als Zeit der Krise des Fordismus[1], die das lineare und naturzerstörende Fortschrittsdenken infrage stellten, schlussendlich vom kapitalistischen System kooptiert wurden (2017, S. 97 f.). Der Kapitalismus und Weitere, unmittelbar mit ihm verbundene ›-Ismen‹, seien durch die Vereinnahmung der Bewegungen sogar diversifiziert und vertieft worden, so Brand und Wissen. Trotz radikaler und global solidarisch gedachter Forderungen einiger Bewegungen der 70er Jahre in den Zentren des Kapitalismus, setzte sich eine neoliberale Krisenbearbeitung durch und Alternativen

[1] Der Fordismus als Epoche des Kapitalismus, die in den USA seit den 1930ern und in Westeuropa nach dem Zweiten Weltkrieg Gestalt annahm, beschreibt die Kämpfe um Teilhabe am kapitalistisch produzierten Warenreichtum in den Zentren des Kapitalismus. Löhne und Profite stiegen, die Mittelschicht wuchs massiv, der Kapitalismus expandierte (Brand & Wissen 2017, S. 85). Der Fordismus geriet in den 70 er Jahren in eine Krise. Starke Ökologie- und andere soziale Bewegungen stellten in den 70er Jahren, als Folge von einer Anhäufung von Krisen, das lineare und naturzerstörende Fortschrittsdenken infrage (Brand & Wissen 2017, S. 96 f.).

wurden im Sinne einer Modernisierung des Kapitalismus integriert (Brand & Wissen 2017, S. 97 f.). In den Zentren veränderte sich zwar manches, aber es wurden keine global solidarischen Lösungen gefunden, denn ein Großteil der soziopolitischen und ökologischen Kosten der imperialen Lebensweise, wurden zunehmend externalisiert und Probleme gewissermaßen verlagert (ebd. S. 98 f., Lessenich 2017). Kooptation wird auch sichtbar, wenn die Dominanzgesellschaft die liberalen Arme einer Bewegung nach viel Kraftaufwand von Aktivist*innen (scheinbar) unterstützt oder nicht mehr behindert, und so befriedend und entschärfend auf die Bewegung wirkt, um nicht zu viel an bestehenden Verhältnissen ändern zu müssen[2]. Um den Anschein von Fortschritt zu erwecken, wird dann systemkompatiblen Forderungen nachgegeben und manches wird finanziert. Kämpfe der Frauenbewegung(en) gegen Gewalt an Frauen waren sicherlich teilweise erfolgreich, strukturell gesehen besteht aber noch sehr viel Veränderungsbedarf, da wenig Ursachenbekämpfung im breiteren Stil stattgefunden hat[3], so Kivel (2017, S. 137).

Wenn Bewegungen kooptiert wurden, bringt das nicht selten starke ›Rückschläge‹ (*Backlashes*[4]) mit sich, da, wenngleich zuvor der Anschein erweckt wurde, dass sich vieles ändert, die Veränderung nur oberflächlich stattgefunden hat. Kooptationsprozesse lassen zuweilen sogar ein Bild entstehen, welches

---

[2] Teilweise konnte während der Black-Lives-Matter -Bewegung in Deutschland in den dominanten Medien der Eindruck entstehen, dass es der BLM-Bewegung vorrangig um Sprachsensibilität geht. Der Thematisierung von strukturellem Rassismus wurde von Medienmacher*innen allzu selten Raum gegeben. Das der deutsche Rassismus vorrangig an der Oberfläche bearbeitet wurde zeigt sich z. B. darin, wie wenig Widerstand gegen die derzeitige Abschottungspolitik und das Ausbleiben (zumindest!) einer Studie über Rassismus in der Polizei, in der Dominanzgesellschaft zu sehen ist. Am letzteren Beispiel zeigt sich auch die Befangenheit und von Macht (erhaltungs-)interessen durchzogene Begrenztheit der ›freien‹ Forschung.

[3] Sexualisierte Gewalt ist jetzt auch in der Ehe strafbar. Jedoch wird immer noch fast jeden dritten Tag eine Frau in Deutschland durch ihren (Ex-)Partner ermordet und in Frauenhäusern fehlen 2023 14.000 Plätze (Baltes 2023).

[4] *Backlash* bedeutet Rückschlag. Damit kann zum Beispiel die europaweit zunehmende Queerfeindlichkeit, trotz einiger Jahre der zunehmenden Sichtbarkeit, Aufklärung und der teilweisen Ausweitung von Rechten und Anerkennung von queeren Menschen bezeichnet werden.

marginalisierte Communities und ihre Forderungen, in der Gesellschaft ›überpräsent‹[5] erscheinen lässt. Bewegungen wird so nicht selten der ›Wind aus den Segeln‹ genommen. Ausgewählte Programme und Organisationen werden unterstützt, meist jedoch stark unterfinanziert und überreguliert. So können nur Dienstleistungen angeboten werden und um strukturelle Probleme anzugehen fehlen Zeit und Ressourcen (Kivel 2017, S. 136).

Die Erfolge genannter Bewegungen sollen hier nicht geschmälert werden und auch Versuche, dominante Systeme zu reformieren nicht verallgemeinernd als hoffnungslos abgetan werden. Aber es sollte zunächst festgestellt werden, dass der ursprünglichen Radikalität vieler Bewegungen, ihren Forderungen nach tiefergehendem Wandel, nach Machtumverteilung, nach der Beendigung von Gewalt sehr häufig nicht nachgekommen wurde. Bei dem Versuch, befreiende Konzepte, Zugänge und Verständnisse in unterdrückerische Systeme zu implementieren besteht immer die Gefahr, dass der Kern – die Befreiung und Umverteilung ungleich verteilter Macht – verloren geht.

5.1.2 Professionalisierungskritik und Abolitionismus

Aus dieser Arbeit könnte sich die Forderung nach einer Professionalisierung von Systemen psychosozialer Gesundheitsversorgung ableiten lassen. Solche Forderungen sind jedoch mit Vorsicht zu genießen, da sie ins Leere laufen oder sogar schädlich sind, wenn es an kritischem Bewusstsein zu Praxen der Macht und Unterdrückung in Professionen und Institutionen psychosozialer Gesundheitsversorgung, beziehungsweise an kritischem Bewusstsein über die Rolle dieser Institutionen und Professionen in der Gesellschaft, mangelt. In Kapitel zwei wurde Professionalisierung in Bezug auf Praxen der Macht bereits kritisch betrachtet (u. a. Staub- Bernasconi 2014, Hanses 2007).

Anjali Lynn Nath Upadhyay[6] stellt in Frage, dass Professionen und Institutionen psychosozialer Hilfe von Unterdrückungsstrukturen befreit werden können, da sie wichtiger Bestandteil der Hegemonie selber sind, so Upadhyay (2022,

[5] Models *of Colour* sind in den letzten Jahren im Stadtbild in Werbung und auf Plakaten stark vertreten. Ich habe Kommentare dazu gehört und gelesen, die zeigten, dass Personen daraus schlossen, dass Personen *of Colour* in der Gesellschaft allgemein jetzt diese Präsenz und diesen Raum haben. Diese Menschen haben hieraus ein Bedrohungszenario für sich als *weiße* Personen gesponnen. Ein etwas anderes, aber ähnliches Beispiel ist der Backlash-begünstigende, mediale Umgang mit geflüchteten Menschen.

[6] Anjali Lynn Nath Upadhyay ist Politikwissenschaftlerin, Philosophin, Pädagogin, Aktivistin und Lehrende.

1:16:45). Sie spricht sich für eine ›Entprofessionalisierung‹ aus, was zum Beispiel beinhaltet, einen Ausbau von Klassifizierungssystemen, der die Vertiefung von Norm- um Abweichungskonstruktionen mit sich bringt, und Verallgemeinerungen kreiert, kritisch zu betrachten. Wenn durch Klassifizierungen der Blick weg von strukturellen Ursachen und hin zu vereinzelnden Diagnosen gelenkt wird, dann wäre Entprofessionalisierung der notwendige Schritt. Wenn eine Professionalisierung zwei ungleiche Seiten hervorbringt: Hier die Professionellen, Gesunden, ›wissend‹, weil Ausgebildeten, die unbewusst Mächtigen oder bewusst ihre Macht Missbrauchenden- Und auf der anderen Seite die Hilfesuchenden, vulnerablen, (vereinzelt) tatsächlich weniger Mächtigen und/oder sich ohnmächtig fühlenden, deren Wissen nicht oder wenig zählt- Wenn diese Binarität noch untermauert wird, sich Wissensmonopole, die Wissen ›über die anderen‹ generieren festigen, dann wäre Entprofessionalisierung der notwendige Schritt. Wenn Professionalisierung eine ›Macht um der Macht‹ willen ausbaut, die Betroffene überhöhrend, vor allem an der eigenen Bereicherung und Stabilisierung beziehungsweise Verbesserung der eigenen Position in einem hierarchischen System interessiert ist, dann kann Professionalisierung nicht das Ziel sein. Ein weiterer Aspekt der teilweise schweren Vereinbarkeit von Professionalisierungsforderungen und dem Streben nach Sozialer Transformation liegt in der Position der Professionen und Institutionen, die in der Pufferzone fester Bestandteil des kapitalistischen Systems sind. Sie müssen wirtschaften, Löhne auszahlen, zugewiesene Gelder ausgeben, Arbeitsplätze halten und sie brauchen ihr Klientel. Das dürfte strukturell gesehen die Motivation präventiv zu arbeiten und damit langfristig die Zahlen Hilfesuchender zu verringern mindern[7]. Diese Kritik am Begriff der Professionalisierung ist selbstverständlich nicht vollständig und bezieht sich mehr auf die problematischen Praktiken unkritischer Professionalität.

> *Die Werkzeuge der Herrschenden werden das*
> *Haus der Herrschenden niemals einreißen*
>
> –Audre Lorde (2021, S. 7) [1984]

Anjali Nath Upadhyay sagt: »The system works as designed« (Upadhyay 2022, 1:17:00–1:23:59) und führt weiter aus, dass wir zunächst verstehen sollten, dass das System mit seinen Institutionen und Professionen genau so funktioniert, wie es strukturiert und erdacht wurde. Es sei nicht kaputt oder funktioniere

[7] Kivel beschreibt zum Beispiel, wie Versuche, mit Männern zu arbeiten, um Gewalt vorzubeugen in den 70er Jahren breiter vorhanden waren aber kaum staatliche Unterstützung bekommen haben und letztlich wenig umgesetzt wurden (2017).

gerade schlecht. Indem es Unterdrückung aufrechterhält, erfüllt es seine Aufgaben, so Upadhyay (2022, 1:17:00–1:23:59). Diese Perspektive lässt sich mit Foucaults im ersten Teil der Arbeit angeführten machtkritischen Blick auf (die Entstehungsgeschichte von) Professionen und Institutionen und auch mit der von Kivel (2017) beschriebenen Rolle ebendieser untermauern. Professionalisierungsdebatten als Versuche der Reformierung laufen immer wieder Gefahr, Systeme der Unterdrückung letztlich nur zu diversifizieren[8] und drohen, dahingehend abzurutschen, dass letztlich der Zugewinn von Macht(-optionen) und die breitere Anerkennung der Profession im Zentrum stehen (Foucault in Hanses 2007). Vor dem Hintergrund dieser Mechanismen, nicht zuletzt der Kooptation, muss nach der Reformierbarkeit von Institutionen gefragt werden, die auch heute von Betroffenenbewegungen als gewaltvoll erlebt und benannt werden. Es muss gefragt werden, ob Transformation innerhalb von Professionen und Institutionen stattfinden kann, wenn diese selbst an der Aufrechterhaltung bestehender Machtstrukturen mitwirken.

»The system works as designed«, und das eingeschobene Zitat Audre Lordes beschreiben auch, dass die systemstützenden Strukturen so installiert wurden und seit Jahrhunderten wirken, dass eine radikale und grundlegende Veränderung des Systems mit den Werkzeugen und Logiken des Systems schwer möglich ist: ein Diversitätstraining in der Polizei[9] löst weder das Problem rassistischer Polizeigewalt noch das Problem cis-männlicher Vorherrschaft und Gewalt. E-Autos werden den Klimawandel nicht aufhalten. Und ›peer-support‹ in Psychiatrien löst nicht das Problem krankmachender Strukturen und die Reproduktion von Unterdrückung in ihren Institutionen der psychosozialer Hilfe. Das ist aus meiner Sicht ein trauriger, aber realistischer Blick und ist Teil einer abolitionistischen Haltung. Die ersten Abolitionist*innen (u. a. Harriet Tubman und Sojourner Truth[10]) standen für die Abschaffung der Sklaverei ein. Sie gaben sich nicht damit

[8] Upadhyay beschreibt Versuche der Reformierung eines Systems sehr bildlich als ›diversifying the poison‹ (2022, 1:02:52).

[9] Die Polizei ist, wie auch Kivel (2017) einordnet, Teil der Pufferzone und ein Mittel der Kontrolle und Herrschaft, was für ein cis-männlich, *weiß* dominiertes System die Macht sichert.

[10] In ›*white saviour*‹ Manier werden oft *weiße* cis-männliche Abolitionisten in den Vordergrund gestellt. Die Schwarzen Frauen Tubman (1820–1913) und Truth (1797–1883) waren Abolitionistinnen der ersten Stunde und Frauenrechtlerinnen.

zufrieden, an dem System etwas zu ›verbessern‹ oder dieses zu reformieren, sondern forderten ein Ende des grundlegend menschenverachtenden Systems. Diese abolitionistische Haltung wird viel in Bezug auf Gefängnisse und Strafsysteme besprochen, ist aber auch auf alle, als menschenunwürdig erkannten und schwer- oder unreformierbarer Institutionen ausweitbar (Mathiesen 2015, S. 47–61). Eine abolitionistische Kritik an traditionellen Systemen der psychosozialen Hilfe und auch Straf- und Kontrollsystemen (Gefängnisse und Polizei) stellt fest, dass diese zum überwiegenden Teil da ansetzten, wo Verletzung und Gewalt schon passiert sind[11]. Hilfe- und Unterstützungsangebote kommen dann oft zu spät, sind garnicht mehr möglich oder missachten die eigentlichen Bedarfe von Betroffenen. Eine abolitionistische Haltung mit Blick auf bestehende dominante Systeme psychosozialer Hilfe ist nicht mit Fatalismus zu verwechseln, und durchaus produktiv. Abolitionismus bedeutet nicht, ›von jetzt auf gleich‹ ausschließende und unterdrückende Systeme ersatzlos abzuschaffen, sondern auf ihre Abschaffung hinzuwirken und heute schon nach Wegen zu suchen, die sich außerhalb der System-Logiken bewegend, neue und befreiende Heilungsräume schaffen.

Bei der Suche nach hilfreichen Veränderungsbestrebungen kann der Begriff der ›nichtreformistischen Reformen‹ aus der abolitionistischen Praxis weiterhelfen. Er wurde von Angela Davis und Ruth Wilson Gilmore, die zu den Gründungsmitgliedern der gefängnisabolitionistischen Gruppe *Critical Resistance* zählen, mobilisiert und geht auf den linken Sozialphilosophen André Gorz zurück. ›Nichtreformistische Reformen‹ sind dem Staat abgerungene Reformen, welche die Bedingungen für weitergehende Veränderungen verbessern. Diese Reformen achten besonders darauf, dass sie nicht selbst mit Kriminalisierungs-

---

[11] Das Problem cis- männlicher Gewalt zum Beispiel, was individuell, institutionell und strukturell, breit normalisiert und gefördert ist, kann durch bisherige Praktiken kaum verringert werden. Bei dieser Formulierung denke ich zum Beispiel an Berufe, in denen Männer (und traditionelle binäre Männlichkeitsbilder) stark dominieren. So zum Beispiel die Polizei und das Militär wo Gewaltfantasien und Praktiken scheinbar keine Grenzen gesetzt sind. Aber ich denke auch an Berufe in Justiz, Politik und Wirtschaft, an Regierungschefs, Kriegsminister und Manager globaler ausbeuterischer Unternehmen, durch welche die gewaltvolle Vorherrschaft gefestigt wird.

(oder hier sanistischen Pathologisierungs) Praktiken und -Logiken arbeiten, welche die Lebenssituation für marginalisierte Gruppen verschlechtern oder das unterdrückerische System ausweiten könnten[12] (Loick &Thompson 2022, S. 46).

5.1.3 Möglichkeitsräume

Mit Blick auf dominante Systeme der psychosozialen Gesundheitsversorgung eröffnet eine abolitionistische Haltung einen Optimismus, der nicht verblümt und existierende Gewalt ausblendet, sondern Hoffnungsträger für echte Transformation ist. Transformation kann radikal (tiefgreifend) und zugleich, kleinschrittig, geduldig und beharrlich gedacht werden. Wir können jetzt ein Ende des rassistischen, sanistischen, ableistischen und kapitalistischen Patriarchats einfordern und zeitgleich, die vielen Menschen, die jetzt darunter leiden, sehen, und unsere Unterstützungsangebote verbessern. Eine Auswahl transformativer und marginalisierter Zugänge und Verständnisse zu/von ›Heilung‹, aus unterdrückungserfahrenen Communities, wurden im ›Dreiklang‹ aufgezeigt. Bei der kritischen Suche nach Veränderungsbestrebungen und dem formulieren von Forderungen an herrschende Systeme, kann zudem der Begriff der ›nichtreformistischen Reformen‹ richtungsweisend sein. Heilung vor dem Hintergrund unterdrückender Systeme beinhaltet auch die Dekonstruktion von Normen, die Ausschlüsse produzieren und muss auf allen Ebenen stattfinden: individuell, institutionell und strukturell. Dazu gehört es, Macht zu analysieren, besprechbar zu machen, ihren Missbrauch zu kritisieren und Macht zu teilen. Und es beinhaltet auch die Reflexion der eigenen Positioniertheit(en), als Individuen und als Professionelle. Durch machtkritische Zugänge zu Professionalität oder mit dem Bild der ›Entprofessionalisierung‹ kann ein Raum geöffnet werden, der neue Paradigmen ermöglicht. Paradigmen, welche der Trennung und Entfremdung zwischen sogenannten Professionellen und Unterstützungssuchenden entgegenwirken, ein neues Forschungs-Paradigma, bei dem Betroffenenwissen zentriert wird oder neue Paradigmen in Verständnissen von Professionalität, bei denen die Rechenschaftspflicht gegenüber denen abgelegt wird, die Unterstützung suchen.

[12] »Beispiele (...) sind die Forderungen nach Zurückdrängung staatlicher Gewalt, etwa durch Entkriminalisierung und Entmilitarisierung. Im Polizeiabolitionismus haben nichtreformistische Reformmaßnahmen, die im Kern einen utopischen Horizont eröffnen sollen, die Form des Kampfs um ›Defunding‹, also die Entziehung von Finanzierung der Polizei, angenommen, was auch die Forderung nach Umverteilung von Ressourcen in Institutionen der sozialen Teilhabe, wie Wohnungen, Gesundheitsversorgung und demokratische Selbstbestimmung, beinhaltet.« (Loick &Thompson 2022, S. 46)

Eine Fokusverschiebung weg von vereinzelnden und hin zu verbindenden Praktiken kann eine Bestrebung sein, die sowohl eine Unabhängigkeit von Professionellen befördert, als auch Fähigkeiten und Kompetenzen von nicht-Professionellen anerkennt und vor allem aber gemeinsame Befreiung ermöglicht. Unterstützungs- und Fürsorgesysteme in Communities und Empowermenträume ermöglichen selbstbestimmtes miteinander heilen und widerständiges Kraft sammeln. Die hier geöffneten Möglichkeitsräume in psychosozialer Gesundheitsversorgung sind emanzipatorisch, abolitionistisch, machtkritisch, antikapitalistisch und wir müssen sie gemeinsam ausgestalten.

Zusammenfassung und Rückblick 6

Die Arbeit hat eurozentrische und dominante Systeme psychosozialer Gesundheitsversorgung kritisch betrachtet, Leerstellen aufgezeigt und nach Zugängen und Verständnissen von marginalisierten Individuen und Communities gefragt, welche Macht und Unterdrückungsstrukturen mitdenken und soziale Transformation (social change) ermöglichen.

Eine machtkritische Beschäftigung mit der Geschichte (psychosozialer) Institutionen und Professionen zeigt, wie die Verantwortung für psychosoziale Gesundheit/Krankheit durch Prozesse der Individualisierung auf Individuen verschoben wird, und gesellschaftliche Strukturen, die Verwundungen im breiten Maßstab ermöglichen, dabei weitgehend unangetastet bleiben. Dominante Systeme psychosozialer Gesundheitsversorgung (hier vor allem Sozialer Arbeit und (Psycho-)Therapie)) reproduzieren Macht- und Unterdrückungsverhältnisse, da eine kritische Beschäftigung mit denselbigen weitestgehend ausbleibt. Die Institutionen und Professionen genannter Systeme nehmen nicht zuletzt eine systemstabilisierende Funktion in der Gesellschaft ein. Die Konstruktion ableistischer und sanistischer Normen von ›Gesundheit‹ findet unter anderem Ausdruck in dominanten Klassifizierungssystemen von ›psychischen Erkrankungen‹ und in der Dominanz des biomedizinischen Modells von Gesundheit. Diese Verhältnisse von Norm und Abweichung sind Produkte der durch Institutionen und Professionen psychosozialer Hilfe dominierten Diskurse zu Gesundheit, Krankheit und Heilung. Teil dieser dominanten Diskurse ist eine epistemische Gewalt, die historische Praktiken der Pathologisierung aufweist, auch heute die Wissensbestände Betroffener marginalisiert und sich von den tatsächlichen Bedarfen Unterstützungssuchender entfernt. Lebensrealitäten marginalisierter Individuen und Communities, die mit dem Dreiklang ongoing wounding, healing and struggle in Aspekten verdeutlicht wurden, werden in dominanten Systemen psychosozialer Hilfe kaum berücksichtigt. Dies führt zu weiteren Verletzungserfahrungen bereits

R. Goltz, *Healing als politische Praxis*, BestMasters,
https://doi.org/10.1007/978-3-658-51087-9_6

Benachteiligter. Mit dem biopsychosozialen Gesundheitsmodell können Auswirkungen gesellschaftlicher Strukturen der Macht und Unterdrückung auf die psychosoziale Gesundheit betrachtet werden und es ergeben sich Ursachenanalysen, welche Macht und Unterdrückungsstrukturen bei dem Versuch psychosoziale Leidenszustände /Verwundungen zu verstehen, zentral stellen. Es muss eine Begrenztheit eurozentrischer psychosozialer Gesundheitssysteme auf individueller, institutioneller und struktureller Ebene festgestellt werden, da sie nicht alle Menschen gleichermaßen unterstützen und Teil der Unterdrückungsstrukturen sind, welche die Gesundheit großer Teile der Gesellschaft gefährden.

Die fortlaufenden Verwundungserfahrungen marginalisierter Individuen und Communities (ongoing wounding) sind kollektiv, transgenerational und strukturell. Sie sind die logische, nachvollziehbare oder ›normale‹ Reaktion auf ein System, was Dynamiken der Trennung, Entfremdung, Individualisierung und Isolation und struktureller Verletzungen durch unterschiedliche ›-Ismen‹ (Rassismus, (cis- und hetero) Sexismus, Klassismus, Ableismus, Kapitalismus, Kolonialismus) zu verantworten hat, und von Kontinuitäten der Maafa und des Holocaust durchzogen ist. Bei den als ›Machtverletzung‹ bezeichneten Verwundungserfahrungen, kann zwischen einer ›realen Machtlosigkeit‹ und einer ›überschüssigen Ohnmacht‹ unterschieden werden, die entsprechend unterschiedlicher Heilungszugänge bedarfen. Die Verletzungen von Individuen/Communities, wirken durch ihre Generationen umspannenden Auswirkungen in die gesamte Gesellschaft hinein, denn Geschichten sind, (beziehungsweise Geschichte ist), multidirektional verwoben. Die Verletzungen manifestieren sich nicht nur in der intrapersonellen Trennung oder Trennungen zwischen Individuen, sondern durch die imperiale Lebensweise (der Zentren des Kapitalismus) auch in einer globalen Trennung und durch das Zugrunderichten des Planeten, durch die Menschheit, auch in einer planetaren Trennung.

Fortlaufende Verwundungen machen fortlaufende Heilung notwendig, die ebenso kollektiv wie strukturell gedacht werden muss. Mit einem ›Blick zurück‹ auf die Dominanzgesellschaft, welche Normalitäten von Gesundheit und Krankheit, und abgewerteter (stigmatisierter) Abweichung herstellt, muss gesagt werden, dass es eben diese Normalitäten sind, die transformiert, dekolonialisiert und ›geheilt‹ werden müssten. Die *Powerbased Therapy* wurde als machtkritikinformierter Ansatz vorgestellt. Für kollektive Unterstützung, Heilung und Befreiung wurde die Befreiungstheorie vorgestellt, die Teil der Radikalen Therapie (RT) ist. *Ubuntu,* wurde als Philosophie der Verbundenheit, als Menschen- und Gesellschaftsbild, mit visionärem Charakter, vorgestellt. Diese kollektiven und verbundenen Verständnisse setzen gesellschaftsprägenden Erfahrungen der Vereinzelung, Individualisierung und Isolation, als Teil des Gedanken des Getrenntseins, etwas entgegen. Verbindung, als Ziel von Heilungsprozessen, wurde im weiteren Sinne mit Blick auf globale Beziehungs-Zusammenhänge und planetare Verbundenheit beschrieben. Und im engeren Sinne, wurde die Wichtigkeit von *Communitycare* und Empowerment-Räumen, als Räume der Regeneration, in denen sich aktivistisch und heilend verbunden werden kann, benannt. Herausgearbeitet wurden Aspekte eines Gesundheits-Verständnisses, was auch mit dem Gefühl ›Ganz-Zusein‹ beschrieben wurde. Hieraus ergeben sich Heilungsbestrebungen, die alle genannten Ebenen der Verbundenheit in den Blick nehmen. Zudem wurden die Heilungspotentiale von Hoffnung und Kreativität thematisiert.

Ongoing struggle heißt, dass der kollektiv verbundene Kampf für Gerechtigkeit und für die Befreiung von Unterdrückung fortlaufend ist. Er umfasst Vergangenheit, Gegenwart und Zukunft und beinhaltet unterschiedlichste Formen des Widerstandes. Die Befreiung von Unterdrückung, von gewaltvollen Kontinuitäten des Nationalsozialismus und der Maafa (u. a.) und der Kampf für eine gerechtere Machtverteilung, wurden als ein Ziel struktureller Heilungsbestrebungen formuliert. Ein Blick zurück, im Sinne von *Sankofa* kann zeigen, was sich bewährt hat, und vor den ›Werkzeugen der Herrschenden‹ (z. B. Kooptation) warnen. Sich nicht trennen zu lassen und fortwährend daran zu arbeiten, sich in unterschiedlichen, aber verbundenen Kämpfen zu unterstützen, kann der Trennung etwas entgegensetzen. Zudem wurde die Wichtigkeit von Räumen für Konflikt und Aushandlung besprochen. Einige Gefühle haben eine wichtige Funktion in der Aufrechterhaltung von Unterdrückung und können gleichzeitig, bei der Befreiung von Unterdrückung, und in der Verantwortungsübernahme in Bezug auf eigene Privilegien, wichtig sein. Verletzlichkeit wurde als Potential für Heilung und die verbundenen Kämpfe herausgestellt. Für die Heilung zu kämpfen und dabei gleichzeitig die Verwundungen zu heilen, ist ein Kraft- und Balanceakt, dem nur gemeinsam begegnet werden kann.

Auf Versuche der Implikation marginalisierter Heilungsansätze und -Verständnisse in dominante Systeme wurde kritisch geblickt. Grundsätzliche Widersprüche und Spannungen wurden aufgezeigt, die bei dem Versuch der Implementierung transformativer Konzepte, Ideen und Zugänge in dominante Systeme entstehen. So wurden Gefahren der Kooptation genannt und die Frage aufgeworfen, inwieweit Institutionen und Professionen, die bei der Reproduktion von Ausgrenzung und Unterdrückung maßgeblich mitwirken, reformierbar sind. Communitystrukturen- und Wissensbestände sind eine wichtige Ressource marginalisierter Communities und ihre Vereinnahmung schwächt Befreiungskämpfe immer wieder aufs Neue. ›Entprofessionalisierung‹ wurde als Paradigma vorgeschlagen, was Räume eröffnet, die zum Beispiel Betroffenen-Wissen zentrieren und soziale Transformation anstreben. ›Heilung als politische Praxis‹

beinhaltet ein politisiertes Verständnis von Heilung, welches Macht- und Unterdrückungsstrukturen als Gesundheit konstituierend mitdenkt und welches sich für die Befreiung von Unterdrückung einsetzt. Die vorgeschlagene ›politische Praxis‹ als Teil von strukturellen Heilungsprozessen arbeitet heute mit abolitionistischem Weitblick an der Transformation psychosozialer Gesundheitsversorgung, und auch jenseits der begrenzungen der herkömmlichen Systeme. Im Spannungsfeld zwischen abolitionistischer Zukunftsorientierung und kleinschrittig transformativer Gegenwartsbewältigung, zwischen Professionalisierung und ›entprofessioneller‹ Praxis gilt es zu navigieren. Dabei muss stetig danach gefragt werden, wie die eigene (ent)professionelle Praxis der verbundenen psychosozialen Fürsorge tatsächlich an den Bedarfen marginalisierten Individuen und Communities (und Unterstützungssuchenden im Allgemeinen) orientiert bleiben kann.

6.1 Blick zurück

Ein kritischer Blick zurück, soll hier Limitationen der Arbeit und Empfehlungen für weiterführende Forschung aufzeigen. Die Arbeit ist bei ihrem begrenzten Umfang und bei dem, was ich alles selbst verstehen und aufzeigen wollte, an einige Begrenzungen gestoßen und konnte manches nicht vertiefen. Ich konnte nur Aspekte (be)greifen und beschreiben, stehe erst am Anfang meiner Suche und hätte gerne mehr Zeit zum verstehen, ›verdauen‹ und ›neuschöpfen‹, auch unter Hinzunahme künstlerischer Mittel, gehabt. Besonders in Bezug auf die künstlerischen Teile fühlt sich die Arbeit noch nicht abgerundet an. Gerne hätte ich mehr Beispiele guter Praktiken angeführt, die weitestgehend außerhalb dominanter Systeme psychosozialer Gesundheitsversorgung und ihrer Logiken funktionieren. Ich wäre zudem noch mehr darauf eingegangen, wie ich selbst Heilendes in Einzel-Beziehungen, Gemeinschaft und Community erfahren habe und hätte gern Wissen zusammengeführt, was Hinweise darauf gibt, wie Gemeinschaft und Verbundensein gelingen kann. Zudem will ich anmerken, dass das ›bio‹ in ›biopsychosozial‹, also biologische und physische Auswirkungen von Diskriminierung in dieser Arbeit weniger explizit thematisiert wurden, da zu Beginn der Fokus auf die psychosoziale Gesundheitsversorgung gelegt wurde. Die physischen Auswirkungen müssen selbstverständlich gleichermaßen mitgedacht werden und sind zudem untrennbar von Psyche und Sozialem. Unterdrückung schreibt sich sehr konkret in Körper ein oder wirkt sich indirekt auf sie aus. Sie bestimmt, welche Körper wo (nicht) sind, wie sie sich bewegen können und beeinflusst, in welcher Verfassung sie sind.

Zur genaueren Beantwortung der Frage nach der Implementierbarkeit des gesammelten Wissens im ›Dreiklang‹ bräuchte es weitere communitybasierte und empirische Forschung, mit enger Verbindung zur widerständig, aktivistischen Praxis. Die Möglichkeitsräume habe ich daher bewusst nicht in Form von Leitfaden oder Handlungsempfehlungen festzuhalten versucht. Dieses Kapitel ist eher eine Zusammenfassung, der sich aus der Arbeit ergebenen Impulse. Impulse, zur Entwicklung und Stärkung einer macht- und diskriminierungskritischen (ent-)professionalisierten Haltung im behandelten Themenkomplex, mit der sich in dominanten Systemen der psychosozialen Gesundheitsversorgung, außerhalb, oder am Rand dieser Systeme bewegt werden kann. Impulse, mit denen an der Dekonstruktion und Transformation bestehender Praxen gearbeitet werden kann. Impulse für neue Forschungs-Paradigmen. Und Impulse, die in der eigenen Arbeitspraxis, in Kollektiven und Initiativen, in Communities und in Einzelbegegnungen Türen für politisierte und emanzipatorische Alternativen zu herkömmlichen Zugängen und Verständnissen von Heilung öffnen können.

Weiterführende (Praxis-) Forschung könnte herausstellen, welche nichtreformistische Reformen von dominanten Systemen der psychosozialen Gesundheitsversorgung bereits funktionieren oder erfolgsversprechend sind. Es könnten Konzepte für- und Erfahrungen von politisierte/n Räume/n der verbundenen Heilung und des Widerstandes gesammelt und ausgewertet werden. Von Räumen, in denen gemeinsam gefühlt, gestritten, organisiert, gefeiert, getrauert, vergeben, gehofft und geträumt wird.

Ausblick

Liebe Freund*innen,
Ich bin jetzt am Ende meiner Masterarbeit. Während des Schreibens ist die Lage in Deutschland nicht besser geworden. Ich weiß nicht, wie viele Soliaktionen, Demonstrationen und Kampagnen es in der Zwischenzeit gab, die ihr (mit-) organisiert habt oder an denen wir zusammen teilgenommen haben. Manche von euch waren wöchentlich auf Demonstrationen gegen Genozid(e) oder rassistische Polizeigewalt. Andere haben versucht, einen stabilen Spender*innenkreis aufzubauen, um regelmäßige Unterstützung für Familienangehörige in Gaza schicken zu können. Wieder andere haben sich um Zusammenhalt zwischen diskriminierungserfahrenen Communities bemüht. Und neben der Auseinandersetzung mit AfD wählenden Familienmitgliedern noch mehr Aktionen, um Repressionskosten gemeinsam zu tragen oder um für Transitionskosten zu sammeln. Alles scheint dabei enger zu werden. Nerven dünn, Geld knapp, Fragen nach Selbstschutz und Sicherheit drücken und drängen. Und dann immer wieder die Frage, ob es Sinn ergibt, Raum und Zeit für Heilungsprozesse zu machen, wenn alles drum herum instabiler und unsicherer wird? An vielen Tagen scheint es leichter, einfach weiterzumachen, sich von all dem ungerechten Mist abzulenken, sich eventuell einfach zufrieden zu geben und Enttäuschungen vermeidend, garnicht erst fürsorglichere Zukünfte zu erträumen. Und an anderen Tagen erscheint alles so dringlich, dass es vermessen vorkommt, auf die Notwendigkeit entschleunigter Räume für Heilungsprozesse zu bestehen. Aber das kanns ja wohl auch nicht sein. Verletzlichkeit, Heilung, Verbindung und eine gerechtere Welt bleiben meine Vision und Hoffnung!

R. Goltz, *Healing als politische Praxis*, BestMasters,
https://doi.org/10.1007/978-3-658-51087-9

Das Schreiben dieser Arbeit war Krise, aber auch total gut und erhellend. Natürlich sind übertrieben viele Fragen übrig, aber ich habe auch einiges für mich verstanden, will Dinge ausprobieren und die Räume suchen, nach denen ich mich sehne. Räume und Menschen, die daran arbeiten, Visionen verbundener und widerständiger Heilung in die Realität zu holen. Vielleicht ja zusammen mit euch:)

Ich will, dass wir uns zuzumuten, dass wir zuhören und fragen, halten und uns tragen lassen. Lasst uns über Schmerz und Scham sprechen und die Isolation durchbrechen. Lasst uns über Ohnmächte und Schuldgefühle reden, die handlungsunfähig machen. Lasst uns nie vergessen, dass wir einander brauchen und wie viel in uns steckt. Wie viel Wissen seit Generationen unsere Communities am Leben hält. Und wie viel unsere Vorfahren schon für uns geheilt haben. Ich will zusammen trauern, feiern, kämpfen und wachsen. Ich will, dass die Macht, die Fähigkeit, die Ressourcen und die Zeit, uns umeinander zu sorgen, wieder uns gehören. Hab euch lieb, Raja

Quellen

Adams, Tony E., **Ellis**, Carolyn, **Bochner**, Arthur P., **Ploder**, Andrea, **Stadlbauer**, Johanna, (2020): Autoethnografie. In: Mey, G., Mruck, K. (Hrsg.), Handbuch Qualitative Forschung in der Psychologie, Springer, Wiesbaden, S. 1–21.

Ellis, Carolyn, **Adams** Tony E., **Bochner** Arthur P. (2010): Autoethnografie. In: Mey G., Mruck K. (Hrsg.), Handbuch Qualitative Forschung in der Psychologie, VS Verlag für Sozialwissenschaften, Wiesbaden, S. 345–357.

Avidan, Igal (2015, 01. Februar): Studie zu 70 Jahre Auschwitz. Junge Deutsche sind des Gedenkens müde. In: Deutschlandfunk Kultur, https://www.deutschlandfunkkultur.de/studie-zu-70-jahre-nach-auschwitz-junge-deutsche-sind-des-100.html [abgerufen am 22.12.2023].

Ayyadi, Kira (2017, 08. September): Antisemitische Straftaten nehmen zu – Wer sind die Täter? In: Belltower News, https://www.belltower.news/antisemitische-straftaten-nehmen-zu-wer-sind-die-taeter-45330/ [abgerufen am 06.11.2023].

Afeworki Abay, Robel, **Schmitt**, Caroline (2022): Die Kolonialität der Klimakrise. Postkoloniale Kritik und konviviale Perspektiven. In: Paff, T., Schramkowski, B., Lutz, R. (Hrsg.), Klimakrise, sozialökologischer Kollaps und Klimagerechtigkeit. Spannungsfelder für Soziale Arbeit, Beltz Juventa, Weinheim, S. 206–215.

Althöfer, Luigi (2017): Die Radikale Therapie. In: Zeitschrift für Transaktionsanalyse, Jg. 2017, Nr. 1, S. 44–65.

Amnesty (2017, 29. Juni): Nigeria: Shell complicit in the arbitrary executions of Ogoni Nine as writ served in Dutch court. In: amnesty, https://www.amnesty.org/en/latest/press-release/2017/06/shell-complicit-arbitrary-executions-ogoni-nine-writ-dutch-court/ [abgerufen am 13.09.2023]

Anhorn, Roland, **Bettinger**, Frank, **Horlacher**, Cornelis, **Rathgeb**, Kerstin (Hrsg.) (2012): Kritik der Sozialen Arbeit – kritische Soziale Arbeit, Springer, Wiesbaden.

Ankele, Monika (2020): The Fabric of Seclusion. Textiles as media of (spatial) interaction in isolation cells of mental hospitals. In: Ankele, M., Majerus, B. (Hrsg.), Material Cultures of Psychiatry, Transcript, Bielefeld, S. 140–157.

Attia, Iman, **Rothberg**, Michael (2019): Multidirectional Memory and Verwobene Geschichte(n). In: Transit Journal, Bd. 12, Nr. 1, S. 46–54.

R. Goltz, *Healing als politische Praxis*, BestMasters,
https://doi.org/10.1007/978-3-658-51087-9

Ayim, May, **Oguntoye**, Katharina, **Schultz**, Dagmar (Hrsg.) [1986] (2020): Farbe bekennen. Afro-deutsche Frauen auf den Spuren ihrer Geschichte, 2. Aufl., Orlanda Frauenverlag, Berlin.

Baines, Donna (2011): An Overview of Anti-Oppressive Practice. Roots, Theory, Tensions. In: Baines, D., Doing anti-oppressive practice: social justice work, 2. Aufl., Fernwood Publishing, Halifax, S. 1–24.

Bakó, T., **Zana**, K. (2020): Transgenerational trauma and therapy. The transgenerational atmosphere. Milton Park: Routledge.

Baltes, Ina (2023, 09. Juni): Frauenhäuser am Limit. In: ZDF, https://www.zdf.de/nachrichten/panorama/frauenhaus-gewalt-frauen-schutz-100.html [abgerufen am 22.12.2023].

Beaupert, Fleur (2018): Freedom of Opinion and Expression. From the Perspektive of Psychosocial Disability and madness. In: Laws, Bd. 7, Nr. 1, S.1–26.

Becker, Thomas, **Weinmann**, Stefan, **Gühne**, Uta, **Riedel-Heller**, Steffi G. (2016): Psychosoziale Therapien. In: Möller, HJ., Laux, G., Kapfhammer, HP. (Hrsg.), Psychiatrie, Psychosomatik, Psychotherapie, Springer, Berlin, Heidelberg, S.1–12.

Beresford, Peter (2012): Die Rolle des Wissens der Betroffenen beim Aufbau von Alternativen zur Psychiatrie. In: Verein zum Schutz vor psychiatrischer Gewalt e.V., Auf der Suche nach dem Rosengarten. Echte Alternativen zur Psychiatrie umsetzen [Projektdokumentation], Berlin, S. 8–14.

Beresford, Peter (2020): 'Mad', Mad studies and advancing inclusive resistance. In: Disability & Society, Bd. 35, Nr. 8, S. 1337–1342.

Beresford, Peter, **Boxall,** Kathy (2013): Where do service users' knowledges sit in relation to professional and academic understanding of knowledge? In: Staddon, P., Mental Health Service Users in Research. Critical sociological perspectives, Policy Press, Bristol, S. 69–86.

Berger, Peter, **Luckmann**, Thomas (1999): Die gesellschaftliche Konstruktion der Wirklichkeit, Frankfurt a. M..

Berking, Matthias (2012): Ursachen psychischer Störungen in: Matthias Berking W. Rief (Hrsg.), Klinische Psychologie und Psychotherapie für Bachelor, Springer-Verlag, Berlin Heidelberg

Biermann, Pike (2005, 28. Juli): Kein übermenschlicher moralischer Riese. In: Deutschlandfunk Kultur, https://www.deutschlandfunkkultur.de/kein-uebermenschlicher-moralischer-riese-100.html [abgerufen am 02.12.2023].

Bmi (2023, 11. Oktober): Begrenzung irregulärer Migration: Neue Regelungen sollen für mehr und schnellere Rückführungen sorgen. Pressemitteilung Bundesministerium des Inneren. In: bmi, https://www.bmi.bund.de/SharedDocs/pressemitteilungen/DE/2023/10/ge-entwurf-rueckfuehrungsverbesserung.html [abgerufen am 03.11.2023]

Bönkost, Jule (2016): Weiße Emotionen-Wenn Hochschullehre Rassismus thematisiert IDB Paper No. 1, Berlin.

Bollwinkel Keele, Tsepo Andreas (2020): Widerständig! Feiern! Zur (Re-)Politisierung von Empowerment. In: Jagusch, Birgit, Chehata, Yasmine (Hrsg.), Empowerment und Powersharing – Ankerpunkte – Positionierungen – Arenen, Beltz Juventa, Weinheim, Basel, S. 206–213.

Bpb, o.A. (2020,14. Oktober): Vermögensverteilung. In:bpb, https://www.bpb.de/kurz-knapp/zahlen-und-fakten/soziale-situation-in-deutschland/61781/vermoegensverteilung/ [abgerufen am 05.10.2023]

Brand, Ulrich, **Wissen**, Markus (2017): Imperiale Lebensweise. Zur Ausbeutung von Mensch und Natur im globalen Kapitalismus, 5. Aufl., oekom, München.

Brown, Brené (2004): Women and shame. Reaching out, speaking truths and building connection, 3C Press, Austin.

Brunnett, Regina (2021): Gesundheit, Krankheit und soziale Ausschließung in Deutschland. In: Anhorn, R., Stehr, J. (Hrsg.), Handbuch Soziale Ausschließung und Soziale Arbeit, Bd. 26, Springer, Wiesbaden, S. 555–573.

Burke, Tarana, **Brown**, Brené (Hrsg.) (2021): You are your best thing. Vulnerability, Shame Resilence and the black experience. An Anthology, Vermilion, London.

Can, Halil (2011): Demokratiearbeit und Empowerment gegen Diskriminierung und Rassismus in selbstbestimmten People of Color-Räumen. In: Castro Varela, M. d. M., Dhawan, N. (Hrsg.): Soziale (Un)Gerechtigkeit. Kritische Perspektiven auf Diversity, Inter- sektionalität und Antidiskriminierung, LIT, Berlin, Münster, S. 245–259.

Capoeira (o.J., o.S.) Capoeira Allgemein. In: capoeira, http://www.capoeira.de/uber-capoeira/uber-capoeira-2/ [abgerufen am 10.09.2023]

Carter, Rober T. (2007): Racism and Psychological and Emotional Injury Recognizing and Assessing Race-Based Traumatic Stress. In: The Counseling Psychologist, Bd. 35, S. 13–105.

Cartwright Samuel A. (1851): Report on the diseases and peculiarities of the negro race. DeBow's Review XI.

Castro Varela, María do Mar, **Dhawan** Nikita (2015): Postkoloniale Theorie. Eine kritische Einführung, 2. Aufl., Transcript, Bielefeld.

Castro Varela, María do Mar, **Dhawan**, Nikita (2020, 08. Mai): Die Universalität der Menschenrechte überdenken. In: Aus Politik und Zeitgeschehen, https://www.bpb.de/shop/zeitschriften/apuz/309087/die-universalitaet-der-menschenrechte-ueberdenken/ [abgerufen am 28.11.2023].

Castro Varela, María do Mar (2023, 06. November): Postkoloniale Kritik der Professionalisierung Sozialer Arbeit [Konferenzbeitrag]. In: Soziale Arbeit als koloniales Wissensarchiv, Berlin.

Chakrabarty, Dipesh (2022): Das Klima der Geschichte im planetarischen Zeitalter, Suhrkamp, Berlin.

Chehata, Yasmine, **Dib**, Jinan, **Harrach-Lasfaghi**, Asmae, **Himmen**, Thivitha, **Sinoplu**, Ahmet, **Wenzler**, Nils (2023): Empowerment, Resilienz und Powersharing in der Migrationsgesellschaft. Theorien – Praktiken – Akteur*innen, Beltz Juventa, Weinheim.

Chilisa, Bagele (2012): Indigenous Research Methodologies, Sage Publications, Los Angeles

Collins, Patricia Hill (2010): The New Politics of Community. In: American Sociological Review, Bd. 75, Nr. 1, S. 7–30.

Comas-Díaz, Lillian, **Hall**, Gordon N., **Neville**, Helen, A. (2019): Racial trauma. Theory, research, and healing. Introduction to the special issue. In: *American Psychologist, Bd. 74, Nr.* 1, S. 1–5.

Combahee River Collective (1981): A Black Feminist Statement. In: Morage, C., Anzaldúa, G. (Hrsg.), This Bridge Called My Back. Writings by Radical Women of Color, Women of Color Press, New York, S. 210–218.

Conquergood, Dwight (1991): Rethinking ethnography. Towards a critical cultural politics. In: Communication Monographs, Bd. 58, Nr. 2, S. 179–194.

Cranford, Jennifer M., **LeFrançois**, Brenda A. (2022): Mad Studies is maddening social Work. In Zeszyty Pracy Socjalnej, Bd. 27, Nr. 3, S. 69–84.

Czollek, Max (2019): Desintegriert euch!, Hanser Verlag, München 7.Auflage

Czollek, Max (2022, Mai): Rache-Geschichte und Fantasie [Podcast], Jüdisches Museum Frankfur.

Czollek, Max (2023): Versöhnungstheater, Hanser, München.

Czollek, Max, **Gorelik,** Lena (2023): Versöhnungstheater: Max Czollek im Gespräch mit Lena Gorelik. [Gesprächsreihe im Haus der Kulturen der Welt], In: mediathek.hkw, https://mediathek.hkw.de/video/versoehnungstheater-max-czollek-im-gespraech-mit-lena-gorelik [abgerufen am 15.10.2023]

Czollek, Max, **Haruna-Oelker**, Hadija (2023, 30. Mai): Empompi Kolonie! Jenseits einer einzigen Geschichte [Podcast]. In: Trauer und Turnschuh, S. Fischer Verlag.

Czollek, Max, **Haruna-Oelker**, Hadija (2023, 26. September): Gegenwartsbewältigung. Widerständige Kunst und Kultur [Podcast]. In: Trauer und Turnschuh, S. Fischer Verlag.

Davis, Angela Y. (1982): Rassismus und Sexismus. Schwarze Frauen und Klassenkampf in den USA, Elefanten Press, Berlin.

Davis, Angela Y. [2015] (2022): Freedom is a constant struggle, *P*enguin Books, London.

Demirovic, Alex (2022, 03. Mai): Frantz Fanon – Die Verdammten dieser Erde [Podcast]. In: too long didn't read, Rosa-Luxemburg-Stiftung, https://www.youtube.com/watch?v=P7ZXuMu7I0o

Deutscher Berufsverband für Soziale Arbeit (2016): Abgestimmte deutsche Übersetzung des DBSH mit dem Fachbereichstag Sozialer Arbeit. Präambel zur deutschsprachigen Definition Sozialer Arbeit, https://www.dbsh.de/profession/definition-der-sozialen-arbeit/deutsche-fassung.html [abgerufen am 28.11.2023].

Deutsche Trauma Stiftung (2019): Was ist ein Trauma? https://www.deutsche-traumastiftung.de/traumata/ [abgerufen am 29.11.2023].

Dgfp e.V. (Deutschsprachige Gesellschaft für Psychotraumatologie e.V.) (2023): Was ist ein Trauma? https://www.degpt.de/hilfe-fuer-betroffene/was-ist-ein-trauma-/#:~:text=Der%20Begriff%20Trauma%20(griechisch%3A%20Wunde,bedroht%2C%20hilflos%20oder%20schutzlos%20fühlt [abgerufen am 12.09.2023].

DiAngelo, Robin (2011): White Fragility. In: International Journal of Critical Pedagogy, Bd. 3, Nr. 3, S. 54–70.

Diversity arts culture (o. D. a): Community. https://diversity-arts-culture.berlin/woerterbuch/community [abgerufen am 12.11.2023]

Diversity arts culture (o. D. b): Marginalisierung. In: Wörterbuch, https://diversity-arts-culture.berlin/woerterbuch/marginalisierung [abgerufen am 16.12.2023].

Dominelli, Lena (2002): Anti-Opressive Social Work Theory and Practice, Palgrave Macmillan, New York.

Dörfer, Achim (2021): Irgendjemand musste die Täter ja bestrafen, Kiefenheuer & Witsch, Köln.

Dörfer, Achim (Interviewpartner*in), **Czollek**, Max (Interviewer*in), **Haruna-Oelker**, Hadija (Interviewer*in) (2023): Das Sterben der Täter:innen. Ein Ende ohne Schmerzen? [Podcast]. In: Trauer und Turnschuh, S. Fischer Verlag, https://open.spotify.com/episode/5vULp1EqARjTzGMNOoEZBL?si=672848ac44c047d0

Dunkel, Florian (2021): Zur transgenerationalen Traumatisierung. Ätiologie und Ansätze für die Therapie. In: Zeitschrift für Psychodrama und Soziometrie, Bd. 20, Nr. 1, S. 215–227.

Duran, Eduardo, **Duran,** Bonnie, **Yellow Horse Brave Heart**, Maria, **Yellow Horse-Davis,** Susan (1998): Healing the American Indian Soul Wound. In: Danieli, Y. (Hrsg.), International Handbook of Multigenerational Legacies of Trauma. The Plenum Series on Stress and Coping, Springer, Boston, S. 341–354.

Dziedzic, Paul (Autor*in), **Kennedy-Assante**, Abena (Interviewpartner*in) (2019, 15. Oktober): Fridays for Past, Present and Future. In: analyse & kritik, https://www.akweb.de/bewegung/fridays-for-past-present-and-future/ [abgerufen am 20.12.2023].

Egger, Josef W. (2015): Integrative Verhaltenstherapie und psychotherapeutische Medizin, Springer, Wiesbaden.

Ellis, Carolyn (2007): Telling secrets, revealing lives. Relational ethics in research with intimate others. In: Qualitative Inquiry, Bd. 13, Nr. 1, S. 3–29.

Fanon, Frantz (1967): Black skin, white masks. Grove Press, New York.

Federici, Silvia (2012): Aufstand aus der Küche. Reproduktionsarbeit im globalen Kapitalismus und die unvollendete feministische Revolution. Edition assemblage, Berlin

Fields, Denise (2021): Dirty Business. The Messy Affair Of Rejecting Shame. In: Burke, T., Brown, B. (Hrsg.): You are your best thing. Vulnerability, Shame Resilence and the black experience. An Anthology, Vermilion, London, S. 22–32.

Fleischer, Eva, **Lorenz**, Friederike (2012): Differenz(ierung)en, Macht und Diskriminierung in der Sozialen Arbeit? Neue Perspektiven mit dem Anti-Bias-Ansatz. In: soziales_kapital, Bd. 8, S. 1–12.

Foucault, Michel (2005): Analytik der Macht, Suhrkamp, Frankfurt a.M..

Foucault, Michel (2005b): Die Macht der Psychiatrie. Vorlesung am Collège de France 1973–1974, Suhrkamp, Frankfurt a.M..

Fraser, Nancy (1994): Widerspenstige Praktiken, Suhrkamp, Frankfurt a.M..

Freire, Paolo (1970 & 1993): Pedagogy of the oppressed. New York: Continuum.

Fricker, Miranda (2010): Epistemic Injustice. Power and the Ethics of Knowing, Oxford University Press, New York.

Fütty, Tamás J. J. (2019): Gender und Biopolitik. Normative und intersektionale Gewalt gegen Trans*Menschen, Transcript, Bielefeld.

Gahleitner, Silke B., **Pauls**, Helmuth (2012): Soziale Arbeit und Psychotherapie – zum Verhältnis sozialer und psychotherapeutischer Unterstützungen und Hilfen. In: Thole, W. (Hrsg.), Grundriss Soziale Arbeit, VS Verlag für Sozialwissenschaften, Wiesbaden, S. 367–374.

Ganter-Argast, Christiane**, Junne,** Florian**, Seifert,** Kathrin (2022): Kunsttherapie. Aktuelle Entwicklungen in Forschung und Ausbildung. In: Psychotherapie, Bd. 67, Nr. 4, S. 347–364.

Geimer, Alexander (2018) Autoethnografie. In: Bohnsack, Ralf, Geimer, Alexander, Meuser, Michael (2018): Hauptbegriffe Qualitativer Sozialforschung, Verlag Barbara Budrich, Opladen. S. 14–17

Ginwright, Shawn A. (2021): The blues of vulnerability: Love and healing black youth. In: Burke, T., Brown, B. (Hrsg.), You are your best thing. Vulnerability, Shame Resilence and the black experience. An Anthology, Vermilion, London, S. 98–108.

Girod, Ellen (25.01.2021): Warum Wut für Mädchen so wichtig ist. In: chezmamapoule, https://chezmamapoule.com/wenn-kinder-wuetend-werden/ [abgerufen am 03.12.2023]

Gold, Ilja, **Weinberg**, Eva, **Rohr**, Dirk (2022): Das hat ja was mit mir zu tun!? Macht- und rassismuskritische Perspektiven für Beratung, Therapie und Supervision, Carl-Auer Verlag, Heidelberg.

Goltz, Raja (2023, 21 Dezember) (Abgabe 2021): Schwarzbewusstsein. Eine autoethnografische Arbeit zu afro-deutscher Selbstfindung und Politisierung. https://doi.org/10.5281/zenodo.10419834.

greenpeace (2005, 29. April): Ein Gentechnik-Gigant kontrolliert die Landwirtschaft. In: greenpeace, https://www.greenpeace.de/biodiversitaet/landwirtschaft/oekologische-landwirtschaft/monsantos-machtstrategien [abgerufen am 05.12.2023]

Gühne Uta, **Riedel-Heller**, Steffi G. (2021): Psychosoziale Behandlung. Hintergrund und spezifische Ansätze. In: Psych Up2date, Bd. 15, Nr. 6, S. 531–546.

gesund.bund (2023): ICD-Code Suche. In: gesund.bund, https://gesund.bund.de/icd-code-suche [abgerufen am 11.12.2023]

Gutiérrez, Natalie Y. (2022): The pain we carry. Healing from complex PTSD for People of Colour. Reclaiming wholeness despite the burdens of systemic, intergenerational & attachment trauma, New Harbinger Publications, Oakland.

Ha, Noa K. (2017): Zur Kolonialität des Städtischen. In: Zwischenraum Kollektiv (Hrsg.), Decolonize the City! Zur Kolonialität der Stadt, Unrast Verlag, Münster, S. 73–85.

Hanses, Andreas (2007): Professionalisierung in der Sozialen Arbeit — Zwischen Positionierung, Macht und Ermöglichung. In: Anhorn, R., Bettinger, F., Stehr, J. (Hrsg.), Foucaults Machtanalytik und Soziale Arbeit, VS Verlag für Sozialwissenschaften, Wiesbaden, S. 309–320.

Haraway, Donna (1995): Die Neuerfindung der Natur. Primaten, Cyborgs und Frauen, Campus Verlag, Frankfurt am Main.

Hemphill, Prentis (2021): The wisdom of process. In: Burke, T., Brown, B. (Hrsg.), You are your best thing. Vulnerability, Shame Resilence and the black experience. An Anthology, Vermilion, London, S. 43–53.

Hensel, Jana (2018, 03. März): Opa war kein Held. In: Die Zeit, https://www.zeit.de/gesellschaft/zeitgeschehen/2018-03/holocaust-gedenken-nationalsozialismus-erinnerungskultur-essay-jana-hensel [abgerufen am 10.11.2023].

Her mit dem schönen Leben (2023): In Sicherheit? Feministische Perspektiven auf Polizeikritik und Abolitionismus. In: spotify, https://open.spotify.com/episode/1Vts3PR2z6U23ejYePFCAD?si=c719b209d4c745c3 [abgerufen am 17.11.2023]

Hölling, Iris (2001): Über die Unmöglichkeit der Psychiatrie-Betroffenen-Position. In: Aktion Psychisch Kranke (Hrsgb.), 25 Jahre Psychiatrie-Enquete Band 2. S. 255–264. Tagungsberichte band 27. In: apk-ev, https://www.apk-ev.de/fileadmin/downloads/Band_27__2_.pdf [abgerufen am 19.12.2023]

Holst, Jens (2022): Biomedizinische Perspektive. In: Bundeszentrale für gesundheitliche Aufklärung, Leitbegriffe der Gesundheitsförderung und Prävention. Glossar zu Konzepten, Strategien und Methoden, https://leitbegriffe.bzga.de/alphabetisches-verzeichnis/biomedizinische-perspektive [abgerufen am 20.12.2023].

hooks, bell (1996): Sehnsucht und Widerstand. Kultur, Ethnie, Geschlecht, 1. Aufl. ed., Orlanda Frauenverlag, Berlin.

hooks, bell (2010): Teaching Critical Thinking. Practical Wisdom, Routledge, New York.

Hopps, June G., **Pinderhughes**, Elaine, **Shankar**, Richard (1995): The power to care. Clinical practice effectiveness with overwhelmed clients, Free Press, New York.

Human Rights Watch (2023, 06. November): Waffenlieferungen an Israel und bewaffnete palästinensische Gruppen aussetzen, https://www.hrw.org/de/news/2023/11/06/waffen lieferungen-israel-und-bewaffnete-palaestinensische-gruppen-aussetzen [abgerufen am 16.12.2023].

Hüther, Gerald (2015). Die Macht der inneren Bilder. Wie Visionen das Gehirn, den Menschen und die Welt verändern, Vandenhoeck & Ruprecht, Göttingen.

Jackson, Vanessa (2016, 13. April): Power Conversations: Integrating Power Analysis into Social Work Education & Practice [Konferenzbeitrag Videoaufnahme]. In: 10th Annual Pinderhughes Diversity & Justice Lecture, Boston, https://www.youtube.com/watch?v=d2vhOeNT4XA&t=2731s

Jackson, Vanessa (2017): Power- Based Therapy. Transforming Powerlessness into Power. In: Pinderhughes, E., Jackson, V., Romney, P. A. (Hrsg.), Understanding Power. An Imperative for Human Services, NASW Press, Washington, S. 55–69

Jackson, Vanessa (o.J.): about me. In: healingcircles, http://www.healingcircles.org/about-me.html [abgerufen am 25.10.2023]

Jagusch, Birgit, **Chehata**, Yasmine (Hrsg.) (2020): Empowerment und Powersharing. Ankerpunkte-Positionierungen-Arenen, Beltz Juventa, Weinheim.

Jones, Lani V. (2017): The Power to Recover: Psychosocial Competence Interventions with Black Women. In: Pinderhughes, E., Jackson, V., Romney, P. A. (Hrsg.), Understanding Power. An Imperative for Human Services, NASW Press, Washington, S. 87–100

Jones, Lani V., **Warner**, Lynn (2011): Culturally responsive group work with black women. In: Journal of Research on Social Work Practice, Bd. 21, Nr. 6, S. 737–746.

Kanzow, Walter (2009): Macht und Bemächtigung: Gewalt in der Psychotherapie. In: Balint Journal, Bd. 10, Nr. 02, S. 33–40.

Kechaja, Maria (2020): Was ist Empowerment? In: adis e.V., https://adis-ev.de/wp-content/uploads/2020/04/Empowerment_Text_adis-mk.pdf [abgerufen am 08.10.2023].

Keilson H. (1979): Sequentielle Traumatisierung bei Kindern. Untersuchung zum Schicksal jüdischer Kriegswaisen, Enke, Stuttgart.

Kellermann, Peter F. (2007): Sociodrama and collective trauma, Jessica Kingsley Publishers, London.

Kent, R.K. (1965): Palmares: An African State in Brazil. In: Journal of African History. 6 (2): S. 161–197.

Khan, Mohammed M. R. (1963): Selbsterfahrung in der Therapie. Theorie und Praxis. Kindler, München.

Kilomba, Grada (2020): Plantation Memories. Episodes of Everyday Racism, 6. Aufl, Unrast, Münster.

Kivel, Paul (2017): Social Service or social change? In: INCITE! Women of Color Against Violence, The Revolution Will Not Be Funded: Beyond the Non-Profit Industrial Complex, Duke University Press, New York, S. 129–149

Kluge, Ulrike, **Aichberger**, Marion C., **Heinz**, Eustachia, **Udeogu-Gözalan**, Christiana & **Abdel-Fatah**, Dana (2020): Rassismus und psychische Gesundheit. In: Der Nervenarzt, Bd. 91, Nr. 11, S. 1017–1024.

Koechling, Florianne, **Willer,** Helga (2012): Pflanzen bilden Allianzen und kommunizieren untereinander. In: *Ökologie & Landbau*, Bd. 164, S. 36–37.

Koch, Sabine C., **Martin**, Lily A. (2017): Verkörperte Ästhetik: Ein identitätsstiftender Wirkfaktor der Künstlerischen Therapien? In: Gruber, H., Schmid, G., Sinapius, P., Tüpker, R. (Hrsg.), Wissenschaftliche Grundlagen der künstlerischen Therapien, S. 81–106.

Krauthausen, Raul (2017, 13. November): Ich möchte nicht geheilt werden! In: raul, https://raul.de/allgemein/ich-moechte-nicht-geheilt-werden/ [abgerufen am 13.12.2023]

Kühner, Angela (2008): Trauma und kollektives Gedächtnis, Psychosozial-Verlag, Gießen.

Kurt, Şeyda (2023): Hass. Von der Macht eines widerständigen Gefühls. Haper Collins, Hamburg

Langels, Otto (2016, 22. Juli): Hitler-Attentat am 20. Juli 1944. So antisemitisch war der militärische Widerstand. In: Deutschlandfunk Kultur, https://www.deutschlandfunkkultur.de/hitler-attentat-am-20-juli-1944-so-antisemitisch-war-der-100.html [abgerufen am 06.12.2023].

Lerch, Leonore (2019): Psychotherapie im Kontext von Differenz, (Macht-)Ungleichheit und globaler Verantwortung. Diversity & Intersectionality als hilfreiche Perspektiven für eine gesellschaftskritische Psychotherapie. In: Psychotherapie Forum, Bd. 23, Nr. 1–2, S. 51–58.

Lerner, Michael (1991): Surplus powerlessness. The psychodynamics of everyday life and the psychology of individual and social transformation, Humanities Press International, Atlantic Highlands.

Lessenich, Stephan (2017, 21. Mai): Neben uns die Sintflut. Die Externalisierungsgesellschaft und ihr Preis [Videovortrag], Freiburg i. Br., https://www.youtube.com/watch?v=hSLzSmg7Jeg

Levold, Tom (2021): Diagnostik als soziale Konstruktion. Zur Geschichte des DSM als hegemonialer Bezugsrahmen für die psychiatrische und psychotherapeutische Diagnostik. In: Kontext. Zeitschrift für Systemische Perspektiven, Bd. 52, Nr. 2, S. 105–126.

Loick, Daniel, **Thompson,** Vanessa E. (2022): Was ist Abolitionismus? In: Loick, Daniel, Thompson, Vanessa E. Hrsg, Abolitionismus. Ein Reader, Suhrkamp, Berlin, S.7–S.56

Lorde, Audre (2021): Sister Outsider, Carl Hanser Verlag, München.

Lorde, Audre (1988): A Burst of Light. And other essays, Ixia Press, New York.

Luderer H.J. (1999): Geschichte der Psychiatrie. gekürzter Vortrag. In: lichtblick99, https://web.archive.org/web/20120327160042/http://www.lichtblick99.de/historisch1.html

Martín-Baró, Ignacio (1994): Writings for a liberation psychology, Harvard University Press, Cambridge.

Mathiesen, Thomas (2015): The Politics of Abolition Revisit, Routledge, London/New York.

Matias, Cheryl E. (2014): And Our Feelings Just Don't Feel It Anymore: Re-Feeling Whiteness, Resistance and Emotionality. In: Understanding and Dismantling Privilege, Bd. 4, Nr. 2, S. 134–153.

Matias, Cheryl E., **DiAngelo,** Robin (2013): Beyond the Face of Race: Emo-Cognitive Explora- tions of White Neurosis and Racial Cray-Cray. The Journal of Educational Foundations 27, H. 3/4, S. 3–20.

Mayaka, Bernhard, Uwihangana, Consolée, Van Breda, Adrian D. (Hrsg.) (2023): The Ubuntu Practitioner: Social Work Perspectives, IFSW, Rheinfelden.

Mbeki, Thabo (1996, 08. Mai): I am an African [Rede]. In: Sitzung der South Africa Constitutional Assembly, https://www.youtube.com/watch?v=dCeLwTITRoQ [abgerufen am 22.12.2023].

Mendel, Meron (2021): Den eigenen Hintergrund hinterfragen. Keine Selbstidentifikation. In: taz, https://taz.de/Den-eigenen-Hintergrund-hinterfragen/!5758937/ [abgerufen am 06.12.2023].

Migrationsgeschichten (2023): Dominanzkultur/ Dominanzgesellschaft. In: Glossar, https://migrations-geschichten.de/dominanzkultur-dominanzgesellschaft/ [abgerufen am 22.12.2023].

Mills, China (2022, 26. November): State Violence and Mental Health [Konferenzbeitrag]. In: Madness: Fighting for Justice in Mental Health, Berlin.

Mitchell, Sherri (2020): Aktivismus heißt Verbindung. Indigene Weisungen zur Heilung der Welt, w_orten & meer, Hiddensee.

Mocker, Daniela (2022, 17. Januar): Eine neue Klassifikation der Krankheiten. In: spektrum, https://www.spektrum.de/news/icd-11-eine-neue-klassifikation-der-krankheiten/1971949 [abgerufen am 18.09.2023]

Monecke, Nina, **Parth**, Christian, **Vooren**, Christian (2023, 16. Juni): Warum griff niemand ein? In: Die Zeit, https://www.zeit.de/gesellschaft/zeitgeschehen/2023-06/bootsunglueck-griechenland-gefluechtete-suche-ueberlebende-faq [abgerufen am 22.12.2023].

Moore, Vesper (2022, 28. März): Decarcerating care: Community-Based Healing Alternatives and How to Build Them [online Diskussionsveranstaltung], https://www.youtube.com/watch?v=KxdHhYcCEc4

Moser, Claudio, **Moser**, Christine (1994): Streitfall Aluminium. Soziale, ökologische und volkswirtschaftliche Implikationen der Bauxitförderung und Aluminiumproduktion. Gemeinsame Konferenz Kirche und Entwicklung, Bonn 1994, In: Marschall, Luitgard (2008): Aluminium. Metall der Moderne. oekom verlag, München, S. 225.

Oberzaucher-Tölke, Inga (2014): „Der andere Patient". Die Konstruktion kultureller Differenz in der Psychotherapie aus rassismuskritischer Perspektive. In: Psychologie und Gesellschaftskritik, Bd. 38, Nr. 2, S. 91–102.

Oliver, Mike (1992): Changing the Social Relations of Research Production? In Disability, Handicap & Society, Bd. 7, Nr. 2, S. 101–114.

Ottomeyer, Klaus, **Lackner**, Gerald (2009): Traumatherapie mit Kinder-Überlebenden des Nazi-Terrors. In: Zeitschrift für Psychodrama und Soziometrie, 8, Nr. 1, S. 53–63.

Petersen, Britta (2007, 24. Januar): Reise durch den Selbstmordgürtel. Trotz High-Tech-Boom – Indien ist ein Agrarland. In: bpb, https://www.bpb.de/themen/asien/indien/44523/reise-durch-den-selbstmordguertel/ [abgerufen am 20.12.2023]

Piepzna-Samarasinha, L. Lakshmi (2021): Cripping healing. In: Sharman, Z., The care we dream of. Liberatory & Transformative Approaches to LGBTQ+ Health, Arsenal Pulp Press, Vancouver, S. 71–90

Pinderhughes, Elaine (2017): Conceptualization of How Power Operates in Human Functioning. In: Pinderhughes, E., Jackson, V., Romney, P. A. (Hrsg.), Understanding Power. An Imperative for Human Services, NASW Press, Washington, S. 1–22.

Punz, Judith (2015): Perspektiven intersektional orientierter Sozialer Arbeit. Dimensionen des Umgangs mit Differenzkonstruktion und Diskriminierung in der Praxis Sozialer Arbeit. In: Wissenschaftliches Journal Österreichischer Fachhochschulstudiengänge Soziale Arbeit, Nr. 13, S. 63–74.

Poole, Jennifer M., **Jivraj**, Tania, **Arslanian**, Araxi, **Bellows**, Kristen, **Chiasson**, Sheila, **Hakimy**, Husnia, **Pasini**, Jessica, **Reid**, Jenna (2012): Sanism, 'Mental Health', and

Social Work/Education: A Review and Call to Action. In: Intersectionalities, Jg. 2012, Bd. 1, S. 20–36.

Quijano, Aníbal (2000): Coloniality of power and Eurocentrism in Latin America. In: International Sociology, Bd. 15, Nr. 2, S. 215–232.

Rauchfleisch, Udo (2018, 08. August): Medizinische Einordnung von Trans*identität. In: Bundeszentrale für politische Bildung, https://www.bpb.de/themen/gender-diversitaet/geschlechtliche-vielfalt-trans/245353/medizinische-einordnung-von-trans-identitaet/#node-content-title-0 [abgerufen am 22.12.2023].

Rauwald, Marianne, **Erhardt**, Rosalba M. (2020): Therapeutische Herausforderungen bei der Behandlung von transgenerational vermittelten Traumata. In: Rauwald, M. (Hrsg.), Vererbte Wunden. Transgenerationale Weitergabe traumatischer Erfahrungen, 2. Aufl., Beltz Juventa, Weinheim, S. 58–67.

Reddemann, Luise, **Gahleitner**, Silke B. (2016): Transgenerationelle Weitergabe und späte Folgen von Trauma – eine vernachlässigte Dimension in der Psychotherapie. In: Psychotherapie Forum, Bd. 21, S. 118–123.

Regenbogenportal (2023): Pathologisierung. In: Regenbogenportal, Glossar, https://www.regenbogenportal.de/glossar?tx_dpnglossary_glossary%5Baction%5D=list&tx_dpnglossary_glossary%5Bcontroller%5D=Term&tx_dpnglossary_glossary%5BcurrentCharacter%5D=P&cHash=4033db32201d77551ce3f9b03670dfe8 [abgerufen am 21.10.2023].

Robinson, Yolo A. (2022, 28. März): Decarcerating care: Community-Based Healing Alternatives and How to Build Them [online Diskussionsveranstaltung], https://www.youtube.com/watch?v=KxdHhYcCEc4

Rosales, Caroline (2019): Sexuell verfügbar. 3.Auflage. Ullstein, Berlin

Rosenstreich, Gabriele (2020): Empowerment und Powersharing unter intersektionaler Perspektive. In: Jagusch, Birgit, Chehata, Yasmine (Hrsg.), Empowerment und Powersharing – Ankerpunkte – Positionierungen – Arenen, Beltz Juventa, Weinheim, Basel, S. 227–238.

Russo, Jasna (2021): The international foundations of Mad Studies. Kowledge generated in collective action. In: Russo, J., Beresford, P. (Hrsg.), The Routledge International Handbook of Mad Studies, Routledge, S. 19–29.

Saad, Farah (2022): Rassismus und biopsychosoziale Gesundheit. Zwischen (De)Thematisierung und widerständiger Praxis. In: Stichproben – Wiener Zeitschrift Für Kritische Afrikastudien, Bd. 22, Nr. 43, S. 49–61.

Sagebiel, Juliane, **Pankofer**, Sabine (2022): Soziale Arbeit und Machttheorien. Reflexionen und Handlungsansätze, 2. Aufl., Lambertus Verlag, Freiburg i. B..

Sanyal, Mithu (2021): Identitti, Hanser, München.

Schmersahl, Katrin (1998): „Kein Mensch wird verstanden, wenn das ärztliche Urteil fehlt“: Im „Zeitalter der Nervosität“. In: Medizin und Geschlecht. Zur Konstruktion der Kategorie Geschlecht im medizinischen Diskurs des 19. Jahrhunderts, VS Verlag für Sozialwissenschaften, Wiesbaden, S. 213–278.

Schmidt-Lellek, Christoph, **Heimannberg**, Barbara (Hrsg.) (1995): Macht und Machtmißbrauch in der Psychotherapie, Edition Humanistische Psychologie, Köln.

Schouler-Ocak, Meryam, **Aichberger**, Marion, **Penka**, Simone, **Kluge**, Ulrike, **Heinz**, Andreas. (2015): Psychische Störungen bei Menschen mit Migrationshintergrund in Deutschland. In: Bundesgesundheitsblatt – Gesundheitsforschung – Gesundheitsschutz, Bd. 58, S. 527–532.

Schreier, Margit (2017): Kontexte qualitativer Sozialforschung. Arts-Based Research, Mixed Methods und Emergent Methods. In: Forum Qualitative Sozialforschung, Bd. 18, Nr. 2, Art. 6.

Schubert, Klaus, **Klein**, Martina (2020): Das Politiklexikon. Begriffe, Fakten, Zusammenhänge, 7. Aufl., Dietz, Bonn.

Sharman, Zena (2021): The care we dream of. Liberatory & Transformative Approaches to LGBTQ+ Health, Arsenal Pulp Press, Vancouver.

Shiva, Vandana (2018): Vandana Shiva speaks out against the merger of Bayer & Monsanto! In: youtube, https://www.youtube.com/watch?v=P9A4O_3h0LY [abgerufen am 11.12.2023]

Solomon, Zahava, **Kotler**, Mosche, **Mikulincer**, Mario (1988): Combat-related posttraumatic stress disorder among second-generation Holocaust survivors. Preliminary findings. In: American Journal of Psychiatry, Bd. 145, Nr. 7, S. 865–868.

Starhawk (1987): Truth or dare. Encounters with power, authority and mystery, Harper & Row, San Francisco.

Stark, Annika, **Noack**, Anika (2017): Die Vermittlung von herrschaftskritischem Wissen: Kindheitswissenschaftlich relevante Interventionen in rassistischen und sexistischen Gesellschaftsverhältnissen. In: Fereidooni, K., El, M. (Hrsg.), Rassismuskritik und Widerstandsformen, Springer, Wiesbaden, S. 891–906.

Steiner, Claude (1994): Radikale Psychiatrie. In: Corsini, R. J. (Hrsg.): Handbuch der Psychotherapie. Zweiter Band N-Z, 4. Aufl., Beltz Juventa, Weinheim, S. 1074–1089.

Steiner, Claude (2001): Radical Psychiatry. In: Corsini, R. J. (Hrsg.): Handbook of Innovative Psychotherapies, 2. Aufl., Wiley, New York.

Staub-Bernasconi, Silvia (2011): Macht und (kritische) Soziale Arbeit. In: Kraus, B., Krieger, W. (Hrsg.), Macht in der Sozialen Arbeit. Interaktionsverhältnisse zwischen Kontrolle, Partizipation und Freisetzung, 3. Aufl., Jacobs Verlag, Lage, S. 363–392.

Studysmarter (2023): Entstehung psychischer Störungen, https://www.studysmarter.de/schule/psychologie/anwendungsdisziplinen-der-psychologie/entstehung-psychischer-stoerungen/ [abgerufen am 16.07.2023].

Tagesschau (2023, 08. November): Ausfuhr aus Deutschland. Rüstungsexporte nach Israel fast verzehnfacht. In: tagesschau, https://www.tagesschau.de/inland/israel-deutschland-ruestungsexporte-100.html [abgerufen am 13.11.2023]

Torres, Andrea M., **Can**, Halil (2013): Empowerment und Powersharing als Rassismuskritik und Dekolonialitätsstrategie aus der People of Color-Perspektive. In: MID-Dossier (05/ 2013). Empowerment. Berlin MID-Redaktion Heinrich-Böll-Stiftung, S. 26–41. https://heimatkunde.boell.de/sites/default/files/dossier_empowerment.pdf [abgerufen am 08.10.2023].

Truth, Sojourner (1851, 29. Mai): „Ain't I a Woman?“ [Konferenzbeitrag]. In: 1851 Women's Convention, Akron.

Tuck, Eve, **Yang**, K. Wayne (2012): Decolonisation ist not a methaphor. In: Decolonization: Indigeneity, Education & Society, Bd. 1, Nr. 1, S. 1–40.

Tuhiwai Smith, Linda [1999] (2012): Decolonizing Methodologies Research and Indigenous Peoples, Zed Books, London.

Upadhyay, Anjali Nath (2022, 28. März): Decarcerating care: Community-Based Healing Alternatives and How to Build Them [online Diskussionsveranstaltung], https://www.youtube.com/watch?v=KxdHhYcCEc4

Van Breda, Adrian D. (2018): A critical review of resilience theory and its relevance for social work. In: Social Work, Bd. 54, Nr. 1, S. 1–18.

Voos, Dunja (2014): DSM-5. Forscher und Entscheider arbeiten mit Pharmaindustrie zusammen. In: Psychotherapie im Dialog, Bd. 15, Nr. 3, S. 8.

Waldegrave, Charles, **Tamasese**, Kiwi, **Tuhaka**, Flora, **Campbell**, Warihi (2003): Just therapy – A journey. A collection of papers from the Just Therapy Team, Dulwich Centre Publications, Adelaide.

Weiß, Lisa; **Auerbach**, Christine (2023,16. Juni): Wie kam es zu dem verheerenden Bootsunglück? In: Tagesschau, https://www.tagesschau.de/ausland/europa/griechenland-bootsunglueck-102.html [abgerufen am 06.11.2023].

Winter, Nina (2023, 29, März): Rassismus im Jugendamt Berlin? Und plötzlich ist das Kind weg. In: neues deutschland, https://www.nd-aktuell.de/artikel/1172009.rassismus-im-jugendamt-rassismus-im-jugendamt-berlin-und-ploetzlich-ist-das-kind-weg.html [abgerufen am 16.12.2023].

Winterboer, Reiner (2012, 26. Oktober): Depressive Verarbeitungsmuster. Beiträge aus psychodynamischer Perspektive. Vortrag beim 24. Suchtforum des Fliedner Krankenhauses Ratingen. In: fliedner, https://www.fliedner.de/de/seelische_gesundheit/haus_siloah/winterboer___ depressive_verarbeitungsmuster.pdf [abgerufen am 02.12.2023]

Wirth, Hans-J. (2007): Machtmissbrauch in der Psychotherapie. In: Psychotherapie Forum, Bd. 15, Nr. 1, S. 22–27.

Yad Vashem (o.J): Jüdische Soldaten in den Armeen der Alliierten. In: yadvashem, https://www.yadvashem.org/de/holocaust/about/combat-resistance/jewish-soldiers.html#narrative_info [abgerufen am 13.08.2023]

Yeboah, Amma (2017): Rassismus und psychische Gesundheit in Deutschland. In: Fereidooni, K., El, M. (Hrsg.), Rassismuskritik und Widerstandsformen, Springer, Wiesbaden, S. 143–161.

Yellow Horse Brave Heart, Maria (1999): Gender Differences in the historical trauma response among the Lakota. In: Journal of Health and Social Policy, Bd. 10, Nr. 4, S. 1–21.

Zeitler, Annika (2019, 03. September): Giftiger Elektromüll. In: planet-wissen, https://www.planet-wissen.de/kultur/afrika/ghana/pwiegiftigerelektromuell100.html [abgerufen am 03.10.2023]

Ziai, Aram (10.02.2023): Umgang mit afrikanischen Staaten. Grün gefärbte Einflussnahme. In: taz, https://taz.de/Umgang-mit-afrikanischen-Staaten/!5911092/ [abgerufen am 20.12.2023].

FSC
www.fsc.org
MIX
Papier | Fördert
gute Waldnutzung
FSC® C083411

Kolibri 360 GmbH
Ferdinand-Jühlke-Straße 7
99095 Erfurt, Deutschland
produktsicherheit@kolibri360.de